짠테크, 부업, 자본소득으로 벗어난 경제 지옥 탈출기

돈공부의힘

짠테크, 부업, 자본소득으로 벗어난 경제 지옥 탈출기

돈 공부의 힘

인생업(임승현) 지음

BM (주)도서출판 성안당

『돈 공부의 힘』은 시중에서 흔히 볼 수 있는 재테크와 자기계
발서를 넘어, 올바른 삶의 방향성을 제시하는 나침반과도 같습니
다. 저자는 이론적인 조언에 그치지 않고, 독자가 자신의 내면을 깊
이 돌아볼 수 있도록 길잡이 역할을 합니다. 책을 통해 독자는 자신
의 강점과 약점을 발견하고, 진정한 변화와 성장을 이루는 길을 스
스로 찾을 수 있을 것입니다. 저는 이 책을 읽는 동안, 마치 인생의
중요한 질문에 명확한 답을 제시받는 듯한 느낌을 받았습니다.

저자가 말하는 구체적인 사례들은 거창하거나 복잡한 방법이
아니라, 누구나 쉽게 따라 할 수 있는 접근 방식이기에 더욱 돋보입
니다. 예를 들어, 작은 습관 하나를 바꾸는 것만으로도 큰 차이를 만
들 수 있다는 메시지는 충분히 공감이 가면서 설득력 있게 다가왔
습니다.

이 책은 경제적 자립과 행복을 단순히 꿈꾸는 것에만 그치지 않고, 그것을 현실로 만들어 갈 수 있는 길을 안내하고 있습니다. 특히 삶의 전환점을 맞았거나, 새로운 시작을 준비하는 분들에게 든든한 동반자와 같은 존재가 될 것입니다.

_ 대한민국 대표 100만, 유튜버들의 유튜브 크리에이터, **어비(송태민)**

온라인을 통해 처음 인연을 맺은 임승현 작가의 첫인상은 그야말로 강렬함 그 자체였습니다. 2억 원이 넘는 돈을 사기당하고 외벌이로 3년 만에 1억 1,000만 원의 빚을 상환한 스토리를 담은 그의 전자책을 접하고, '아, 이 사람은 정말 진솔한 태도로 삶을 대하는구나.'라는 생각이 들었습니다. 흔한 자기소개 몇 마디로 끝낼 수도 있었을 법한데, 자신이 어떤 사람인지 한순간에 각인시켜 버렸습니다.

이런 그가 단행본 출간을 앞두고 있다는 소식을 들었을 때, 누구보다 책을 기다리고 응원할 수밖에 없었습니다. 받아서 읽어 보니, 기대 이상의 진정성과 솔직함으로 독자에게 어떻게든 하나라도 더 알려주고 싶어 하는 저자의 마음이 뜨겁게 전해졌습니다. 실제 경험에 기반한 부업과 재테크의 노하우가 담긴 이 책은 한 명의 독자로서 진심으로 감사하다는 말을 전하고 싶을 만큼 실질적으로 도움이 되는 내용으로 가득합니다.

경제적 자립을 꿈꾸며 자신을 넘어서고자 하는 모든 이들에게 치유와 실천의 동력을 전해 줄 이 책을 온 마음을 담아 추천하는 바입니다.

_『시크릿 인스타그램』 저자, **조은**

첫 페이지를 넘기는 순간, 저자의 솔직한 고백에 마음을 빼앗겼고, 마지막 페이지를 덮을 때는 깊은 감동과 벅찬 여운을 주체할 수 없었습니다. 이 책은 단순히 재테크 기술을 나열하고 있지 않습니다. 2억여 원이라는 큰돈을 사기당하고 정리해고 위기에 몰렸던 저자가 깊은 절망의 늪에서 벗어나 돈을 대하는 올바른 자세를 배우고 절약과 부업, 투자를 통해 경제적 자유를 쟁취하기까지의 치열한 여정을 생생하게 담고 있습니다. 마치 한 편의 흥미진진한 드라마를 보는 듯한 강렬한 몰입감을 느낄 수 있을 것입니다.

저자는 우리에게 말합니다. "누구나 경제적 자유를 얻을 수 있다"고. 그의 이야기는 언제까지 돈을 벌 수 있을 것인지 막연한 불안감에 사로잡혀 있는 우리에게 따뜻한 위로와 함께 실질적인 희망의 빛을 선사합니다. 저자의 경험을 통해 우리는 돈 공부의 필요성을 절실히 깨닫고, 경제적 자유를 향한 실천적 용기를 얻게 될 것입니다. 특히 솔직하고 진정성 있는 경험담은 독자들에게 공감을 넘어 강한 자신감을 심어 줄 것이라 믿습니다.

저는 이 책을 모든 직장인, 아니 돈에 대한 고민을 안고 살아가는 모든 사람에게 진심으로 추천합니다. 같은 고민을 하는 사람들에게 이 책은 심리적 위안을 넘어, 직접적인 행동으로 옮길 수 있도록 동기를 부여해 줍니다. 독자 여러분이 이를 통해 돈에 대한 걱정을 덜고, 경제적 자유를 얻어 행복한 삶을 살아가기를 바랍니다. 이 책을 펼치는 순간, 당신의 삶에서는 진정한 변화가 시작될 것입니다.

_ SNS 비즈니스 및 수익화 코치, **아나브(김산희)**

나만의 부업으로 시작하는 제2의 커리어

우리는 회사라는 테두리 안에서 안정적인 월급을 받으며 살아가는 삶이 안전하다고 믿어왔습니다. 저 또한 매달 들어오는 월급이 나의 미래를 책임져 줄 것이라 여겼고, 오랫동안 다닌 직장이 가정을 영원히 지켜줄 것이라고 생각했습니다. 하지만 그 믿음은 너무나도 쉽게, 한순간에 산산조각이 났습니다. 제가 믿었던 것은 그저 환상에 불과했습니다.

한때 저는 2억 원이 넘는 돈을 사기당한 적이 있었습니다. 그때 느낀 좌절감은 말로 표현할 수 없을 만큼 컸습니다. 모든 것이 무너졌고 끝났다고 생각했습니다. 그저 하루하루를 버티며 살아가는 것이 고통스러웠습니다. 매일 아침 눈을 뜨는 것이 두려웠습니다. 어떻게 살아가야 할지 막막했고, 다시 일어설 수 있을지조차 알 수 없었습니다.

하지만 그런 절망 속에서도 저는 결단을 내렸습니다. 이대로 무너질 수는 없었습니다. 그리고 그 첫 번째 선택은 바로 '돈 공부'였습니다. 재정 상황과 소비 패턴을 철저히 분석하고, 새어 나가는 돈이 최대한 없도록 만들었습니다. 나아가 효율적인 소비를 위해 다양한 연구와 실천을 거듭하면서 삶은 서서히 안정을 되찾아 갔습니다.

그러나 이것이 제 인생의 마지막 위기는 아니었습니다. 직장 생활에서도 저는 한순간에 벼랑 끝에 몰렸습니다. 저와 전혀 상관없는 것인 줄만 알았던 '정리해고'라는 단어가 어느 날 불현듯 제 앞에 나타났습니다. 다행히 해고는 면했지만, 그 순간 깨달았습니다. 직장은 결코 나를 영원히 지켜주지 않는다는 사실을요. 언제든지 직장을 잃을 수 있고, 월급에만 의존하는 삶은 매우 불안정하다는 것을 뼈저리게 느꼈습니다.

그때 저는 결심했습니다. 더 이상 직장에만 기대어 살지 않겠다고요. 언제든 직장을 떠날 수 있기에 내 삶을 스스로 책임질 방법을 찾아야 한다고 생각했습니다. 월급에만 의존할 수 없으니, 추가적인 수입원을 만들어야 했습니다. 저의 N잡은 그렇게 시작되었습니다.

처음에는 작은 부업으로 시작했지만, 그 부업들은 저에게 새로운 기회를 열어주었습니다. 해외 구매대행, 명함·로고 디자인, AI 창작물 제작, 전자책 출간, 온·오프라인 강의 등 지식창업을 포함한 다양한 부업을 시도하면서 저는 점차 경제적 자립에 다가서기 시작했습니다. 부업에서 얻은 수익은 다시 저축과 투자로 이어졌고, 그렇게 조금씩 자본 소득을 만들어 갔습니다.

절약을 통한 저축, 부업을 통한 추가 소득 그리고 이 두 가지로 자본 소득을 창출하는 과정은 제가 경제적 자유를 얻기 위해 걸어가고 있는 길입니다. 이 책은 여러분을 위한 것이지만, 이 험한 세상을 살아가는 저 자신을 위한 치열한 삶의 가이드라인이기도 합니다.

저는 특출나지 않습니다. 뛰어난 능력이나 특별한 배경을 가진 사람도 아닙니다. 다만 작은 실천을 꾸준히 쌓아 갔을 뿐입니다. 그리고 그 작은 실천들이 저를 다시 일어서게 했습니다. 평범한 40대 직장인인 제가 어떻게 인생의 위기를 극복하고 경제적 자립을 이루어 가고 있는지 이 책을 통해 나누고 싶었습니다. 제가 겪었던 고통과 실패, 그로부터 배운 교훈과 노하우를 이 책에 고스란히 담아냈습니다.

여러분도 할 수 있습니다. 직장의 불안정함에 얽매이지 않고, 100세 시대를 대비할 수 있습니다.

하지만 단순히 읽는 것만으로는 아무것도 바뀌지 않습니다. 행동해야 합니다. 작은 것부터 시작해 보세요. 오늘의 지출을 기록하고, 불필요한 소비를 줄이며, 미미할지라도 첫 부업을 시도해 보세요. 그 작은 실천들이 모여 여러분의 미래를 긍정적이고 자신감 있게 바꿀 것입니다.

이 책과 함께 경제적 자립을 향해 나아갈 준비가 되셨나요? 지금이 첫걸음입니다. 그 첫걸음을 바로 내디뎌 보세요. 책장을 넘기고, 오늘 할 수 있는 것부터 시작해 보세요. 이 책을 읽는 여러분은 이미 인생의 새로운 전환점을 맞이하셨습니다.

차례

INTRO

나의 지옥 탈출 스토리

PART 1

월급만으로는 부자가 될 수 없다
: 직장인의 현실적인 돈 공부

PART 2

가장 쉽게 돈을 버는 방법
: 덜 쓰기

PART 3

확실하게 돈을 버는 방법
: 안정적으로 추가 소득 올리기

PART 4

자는 동안에도 돈을 버는 방법
: 머니 트리의 씨앗 뿌리기

PART 5

특별한 수익 창출 방법
: 나를 브랜딩하기

INTRO

" 나의 지옥 탈출 스토리 "

01

사기 사건에 얽혀
지옥에 빠지다

여행사를 운영하는 후배에게 몇 년 만에 연락이 왔습니다. 제주도 단체 여행 상품을 팔았는데 갑자기 취소되었다며, 저렴하게라도 빨리 처리해야 하니 지인 소개를 부탁했습니다.

그런데 여행 상품 가격이 너무 저렴한 거예요. 어떻게 에어카텔 상품인데 2박 3일에 15만 원이 나올 수 있는 것인지 처음에는 반신반의해서 인터넷으로 검색했는데, 심지어 가격이 더 낮은 상품도 있었습니다. 업계에 있는 후배는 후배대로 손해가 덜 나고, 또 우리같은 소비자는 여행을 싸게 갈 수 있는 좋은 기회라고 여겨 지인들을 소개했습니다.

처음에는 30명쯤 소개했는데 다녀온 분들이 너무 좋았다고 주변에 이야기하면서 "남아 있는 상품 없냐?", "나한테는 왜 이야기 안

했냐?" 하는 분들이 생겼습니다. 그때 없다고 하면 아무 일 없이 끝났을 것을, 제가 타고난 오지라퍼인지라 후배에게 연락을 했습니다.

"사람들이 남은 티켓 없냐는데 더 알아봐 줄 수 있어?"

이것이 화근이었습니다. 그 한마디로 제 인생에 먹구름이 끼게 됐습니다. 지금도 생각합니다. '그때 그냥 가만히 있었다면 지금 나는 어떤 삶을 살고 있을까.' 하고요.

그 이후 별다른 신경을 쓰지 않고 있었는데 여름 휴가철의 절정인 8월 초 주말, 갑자기 회사 동료에게 전화가 왔습니다. 방금 제주도에 도착했는데 렌터카와 숙박 예약이 안 되어 있음은 물론, 그 후배와 연락마저 안 된다는 것이었습니다. 이게 무슨 소리인가 싶어 후배에게 전화했습니다. 그런데 정말 연락이 되지를 않았습니다. 다급한 마음에 후배의 배우자에게 전화했습니다. 일을 도와준다고 해서 예전에 여행사에서 몇 번 만난 적이 있었기에 연락처를 알고 있었습니다.

제주도에 도착한 동료는 급한 대로 그 배우자가 아는 여행사에 연락해서 해결을 해주었습니다. 이혼했다고 들었는데 배우자와 통화해 보니, 이혼하려고 했다가 현재는 별거 중이라고 하더군요. 뭔가 정상적이지 않은 것을 직감하고 본격적으로 조사했더니, 30만 원부터 1,200만 원까지 피해 금액도 다양했습니다.

더 깊이 알아보니 몇 가지 유형으로 나눌 수 있었습니다. 우선 피해 금액은 200~300만 원대가 많았습니다. 왜 그런지 지인들에게 자초지종을 물어봤더니 기절초풍할 만한 대답들이 나왔습니다.

"아, 그거요? 처음에 송금했다가 일정을 바꿨더니 자리가 없다고 하더라고요. 어렵게 항공권을 구하긴 했는데 바로 결제해야 확정될 수 있다고 해서, 일단 카드로 긁으면 차액 송금해 준다고 하길래 그렇게 했어요. 처음보다 금액이 커서 좀 이상하긴 했는데, 과장님(당시 제 직급) 후배라고 하니 그냥 믿고 카드 번호와 유효기간 알려주고 진행했죠."

그 이야기를 듣는 순간 피가 거꾸로 솟는 줄 알았습니다. 전형적인 사기 수법까지 쓴 걸 보면, 작정하고 접근했다고 봐야 할 겁니다. 의심이라도 하듯 말하면, 저를 들먹이며 이야기를 했답니다. 그 후배가 저를 팔면서 이야기를 하다 보니, 지인들도 완전히 걸려들 수밖에 없었던 것 같습니다.

500만 원 이상 심지어 1,000만 원 이상의 고액도 다수 있었는데, 제가 소개했던 지인이 상품이 너무 싸고 좋아서 또 다른 지인에게 소개한 경우입니다. 그리고 앞선 사례처럼 이중 결제까지 하게 만들면서 판이 더욱 커졌습니다. 게다가 따로 전화해서 가격이 싸고 유효 기간이 1년이니 좋은 상품 기회가 왔을 때 더 하라고 부추겼다고 합니다. 이렇게 치밀하고 교묘한 사기에 제가 엮이게 될 줄은 정말 상상도 하지 못했습니다. 카드로 추가 결제한 지인들은 결제일이 다가오자 생돈으로 그걸 메꿔야 하니, 그때부터는 저에게 압박을 하기 시작했습니다.

피해를 본 사람들은 단지 저를 믿고 제가 소개한 후배한테 한 것이니 당연히 마무리도 직접 해야 하는 것 아니냐는 말들을 했습니다. 단순히 소개만 해 준 저에게 책임을 전가한 것입니다. 본인들 스스로, 지인들을 소개한 사람조차도 최초의 원인을 제공한 사람이 저라면서 말입니다. 그때 사람의 민낯을 볼 수 있었습니다. 돈 앞에서 사람이 이렇게까지 달라질 수 있다는 것도 깨달았습니다.

거래처 직원은 다음 달 전세금 올려줄 500만 원을 3일 내로 환불해 준다고 해서 송금했는데, 그 후배가 잠적해 버리자 저를 붙잡고 울면서 하소연까지 하더군요. 그때 마음이 정말 복잡했습니다.

여기서 저는 중요한 결정을 해야 했습니다.

'법적인 책임은 없으니 모르는 척할까? 아니면 모두 내 지인이고 어찌 되었든 간에 일이 터졌으니 빨리 수습해야 할까?'

고민에 고민을 거듭하다 결국 저는 후자를 선택했습니다. 참으로 어이없는 결자해지(結者解之)가 된 셈입니다. 처음 30명으로 시작했던 인원은 수백 명으로 불었고, 거기에 이중 결제까지 포함하다 보니 금액은 무려 2억 5천만 원이 되어 버렸습니다. 당시 수도권 25평 아파트 한 채 값에 해당하는 돈입니다.

처음에는 8,500만 원이면 될 줄 알았는데, 양파도 아니고 까면 깔수록 계속 나왔습니다. 집에 돈 되는 것들을 모두 팔아 자금을 마련하고, 추가로 6,800만 원의 담보 대출까지 받아 처리했는데도 역부족이었습니다. 마침 제가 그 시기에 이직하게 되어 정산받은 퇴직금으로 2,000만 원 정도를 해결하고, 그래도 모자라는 금액은 매월 갚아 나가는 것으로 양해를 구했습니다. 매월 급여에서 일정 금액을 상환하며 약 1년에 걸쳐 마무리를 지었습니다.

02

폐인이 되어
죽음과 마주하다

　사건은 일단락되었으나 이제부터는 현실의 문제에 부딪히게 됩니다. 말이 2억 5천이지 '이걸 앞으로 어떻게 복구할 수 있을까?' 하는 마음에 너무나 두려웠습니다. 끝이 보이지 않는 터널에 갇힌 기분이었습니다. 아파트가 제 명의로 되어 있어 아내에게 상의 한 마디 없이 독단적으로 일을 저질러 버린 것도 큰 문제였습니다. 어떻게 설명해야 할지 난감했습니다.

　하지만 무엇보다 가장 고통스러웠던 것은 저 때문에 가족이 피해를 입었다는 사실입니다. 직접 사기를 당해도 억울한데, 저를 이용해 지인에게 접근해서 사기를 쳤다는 것과 지인들이 교묘히 저를 물고 늘어졌다는 것이 억울하고 원통했습니다.

　아내와 딸아이가 잠든 새벽, 혼자 울기도 많이 울었습니다.

이웃을 사랑하고 선한 일을 베풀라는 말씀을 따랐을 뿐인데 왜 제가 이런 시련을 겪어야 하냐고 원망도 하고, 제발 이 수렁에서 나를 건져 달라고, 살려 달라고 빌기도 많이 빌었습니다.

원망과 한탄이 하루에도 수십 번씩 교차했습니다. 이러한 복잡한 감정이 섞이다 보니 사람 대하는 것이 싫어졌습니다. 아니, 무서워졌습니다.

급기야 어느 날부터 이상한 생각이 들기 시작했습니다. 버스를 타고 다리 위를 지날 때면 '여기서 떨어지면 어떻게 될까?', 높은 곳에 올라가면 '한번 뛰어내려 보고 싶다.', 달려오는 차를 보면 '저 차에 뛰어들고 싶다. 죽는다는 것은 어떤 느낌일까?' 등등.

지옥의 롤러코스터를 타면서 건강도 많이 상했습니다. 하루에 한 끼도 제대로 먹지 않았는데 전혀 배가 고프지 않았습니다. 잠이 오지 않아 거의 뜬눈으로 밤을 지새워도 하루 종일 졸리지 않았습니다. 이렇게 한 달이 흐르니 몸무게가 53kg까지 빠지고 얼굴은 새까맣게 변했습니다. 출근 준비를 하기 위해 거울에 비친 제 모습을 보니, 그야말로 산 송장이 따로 없었습니다.

나중에는 몸은 찬데 얼굴은 뜨겁고, 단전에는 응어리 같은 것이 뭉쳐 있는 답답함이 지속되었습니다. 시간이 지날수록 대인 공포증, 우울감은 더해 갔습니다. 갈수록 증세는 심해졌고, 더 이상 버틸 용기도 자신도 없어졌습니다. 모든 것을 포기하고 이 세상과 작별하기 위해 산에 올라갔습니다.

그러고는 조용히 마음의 정리를 하고 낭떠러지 쪽으로 걸어 갔습니다. 하지만 떨어지기 몇 발짝을 앞두고, 어머니 얼굴과 어릴 적 어머니와 손을 잡고 갔던 시장길이 떠올랐습니다. 결국 더는 나아가지 못하고, 펑펑 눈물만 흘리다가 산에서 내려왔습니다.

03

살기 위해
잊고 새출발하다

어렵게 산에서 내려온 저는 결단을 내렸습니다. 이제까지 아내에게 말하지 않은 것도 미안한데, 더 이상 아내를 기만할 수 없었습니다. 아내를 속이고 이대로 가는 것은 더 큰 죄를 짓는 듯하여 모두 털어놨습니다. 그간의 일들, 제가 겪고 있는 상황, 복잡한 감정을 전부 이야기했습니다. 아내는 묵묵히 듣고 나서 이렇게 말했습니다.

"그럼, 지금 사는 아파트는 팔아야 하는 거야?"

"팔지는 않아도 되는데, 몇 년 동안 많이 힘들 거야."

"알았어. 다시는 이 일에 관해 이야기하지 않을게. 하지만 죽겠다는 생각은 절대 하지 마. 오빠 죽으면 나는 외국인인데 우리 딸은 어떻게 키워? 마음 단단히 먹고 힘내서 함께 이겨내. 알았지?"

알았다고 겨우 대답하고 나서 저는 눈물, 콧물을 다 흘리며 오열했습니다.

그 뒤로도 지금까지, 물론 저를 생각해서 그러는 것이겠지만 아내는 절대 힘들다는 내색을 하지 않습니다. 그래서인지 저는 아내와 딸아이에게 더 미안한 마음뿐입니다.

다시 열심히 살겠다고 아내와 약속했지만, 이미 망가질 대로 망가져 버린 상황을 복구할 생각만 하면 너무 두려웠습니다. 이제까지 거의 반백 년을 살면서 누군가를 미워하거나 증오한 적이 없는데, 그 후배만은 도저히 용서할 수 없다는 생각이 들었습니다. 의도적으로 접근해서 철면피를 깔고 사람들이 믿도록 그렇게나 연기를 했다고 생각하니 소름이 돋았습니다.

저를 곤경에 빠뜨린 그 후배는 몸집이 있고 뚱뚱한 편이었습니다. 그런 사람들의 특징 중 하나가 특유의 울림통이 있어서 말할 때 소리가 울려서 나온다는 겁니다. 농락당한 사건 이후로 트라우마가 생겨서인지, 지하철이나 공공장소에서 그런 울림이 있는 목소리가 들리면 지금도 깜짝깜짝 놀랍니다. 몸이 소스라치면서 꼼짝달싹하지 못한 채 당시로 돌아가게 됩니다.

벌써 오랜 세월이 지났는데도 제 몸이 알아서 반응하는 것이 정말 이상합니다. 그만큼 깊은 한(恨)으로 남아 있다는 뜻이겠지요. 하늘이 나약한 저를 움직이게 했는지는 모르겠지만, '사랑하는 가족에게 다시는 이런 한심한 모습을 보이기 싫다, 최선을 다해서 다시 한번 살아보겠다'는 결심으로 정신을 바짝 차렸습니다.

마음을 굳건하게 먹었지만 허리띠를 졸라매야 하는 상황이 되자, 문득문득 스스로에 대한 자책과 후배에 대한 원망으로 한시도 편할 날이 없었습니다. 하지만 이 일을 떨쳐버리지 못한다면 이 굴레에서 평생 빠져나올 수 없을 것만 같았습니다. 죽는 날까지, 아니 어쩌면 죽어서도 잊을 수 없을 것만 같은 이 일을 그저 제가 살기 위해 마음을 바꿔 훌훌 떨쳐 버리기로 했습니다. 남은 인생을 위해 모든 것을 잊고 내려놓으며, 앞으로 살아갈 일에만 전념하기로 마음을 다잡았습니다.

04

취미는 돈 모으기,
특기는 빚 갚기

그 후부터는 그야말로 살아남기 위해 처절한 절약을 시작했습니다. 당시는 'N잡'이라는 개념조차 없었고, 제가 할 수 있는 것이라고는 죽도록 아끼는 것 외에는 없다고 생각했습니다. 아파트 관리비가 너무 아까워, 관리비가 없는 구형 빌라나 주택으로 이사를 할지 고민도 많이 했습니다.

하지만 아파트를 팔아야 하냐는 아내의 물음에 팔지 않아도 된다고 했기에 그냥 갖고 있기로 했습니다. 이미 아내에게 몇 년 동안 힘든 생활을 하게 될 것이라고 예고했고, 아내 또한 저를 이해하고 용서해 주어 결국 팔지 않기로 했습니다.

한여름 밤 야근을 마치고 집에 도착할 때쯤이면 11시가 다 되어 갔습니다. 집 앞 편의점 밖 테이블에 삼삼오오 둘러앉아 캔맥주와 음료를 마시며 담소를 나누는 사람들이 종종 보였습니다. 덥고 습한 날씨에 옷은 어느새 땀범벅이 되었고, 시원한 맥주가 목을 타고 넘어갈 때의 느낌을 생각하니 침이 꼴깍꼴깍 넘어갔습니다. 하지만 그 광경을 볼 때마다 '나 때문에 가족이 이런 고통 속에 살고 있는데 내가 무슨 자격으로……. 나는 맥주 한 캔 마실 자격도 없다. 나에게는 맥주마저도 사치다.'라고 마음을 부여잡으며 참았습니다. 1,500원이었던 캔맥주 가격은 당시 저에게는 15만 원처럼 느껴졌습니다. 결국 3년이 넘는 기간 동안 맥주를 포함한 모든 술을 마시지 않았습니다. 저를 위한 소비는 하지 않으며 스스로를 학대하며 살았습니다. 지혜롭지 못한 행동을 한 저 자신이 미웠습니다.

11년 만에 낳은 딸아이의 옷은 언제나 아파트 상가나 길거리 상점에서 "교환, 환불 불가 - 현금만 가능"이라고 써놓고 특가 할인하는 3,000원, 5,000원짜리였습니다. 어느 날은 자장면이 먹고 싶다는 다섯 살배기 어린 딸에게 돈이 없어 3분 짜장과 소면으로 자장면을 만들어 주었습니다. 아이가 어리다 보니, 이렇게 하면 자장면 한 그릇값으로 서너 번은 만들어 줄 수 있었습니다. 딸아이는 그것도 맛있다며 입가에 자장을 잔뜩 묻히고 먹고 있었습니다. 저와 눈이 마주치자 환하게 미소를 지으며 못난 아빠를 바라봤습니다.

그런 딸아이의 모습을 보면서 돌아서서 하염없이 눈물을 흘렸습니다. 그러고는 반드시 이 상황을 이겨내겠다고 다짐에 다짐을 거듭했습니다.

그렇게 1,000원, 2,000원을 10만 원, 20만 원으로 여기고 아끼며 살았습니다. 생존을 위한 극한의 절약을 생활화하며 외벌이 가정에서 3년간 1억 1,000만 원의 대출을 상환했습니다. 월평균 300만 원입니다. 그러자 대출은 서서히 줄어들었고, 생활 형편도 점차 나아지기 시작했습니다. 이렇게 해서 평온한 나날이 이어졌을까요?

어렵사리 지옥을 빠져나온 저는 이후 전혀 예상하지 못한 또 다른 지옥에 빠지게 됩니다. 두 번째 지옥은 무엇이고, 저는 어떻게 그 지옥의 터널을 빠져나왔을까요? 첫 번째 지옥을 빠져나오기 위해 실행했던 극한 생존 절약과 이에 따라 체득한 짠테크, 경제 공부 등의 '돈 공부'가 저를 두 번째 지옥에서 탈출하도록 이끌었을 뿐만 아니라, 급여 외 월 1,000만 원의 부수입이 가능하게 만들어 주었습니다.

그럼, 이제부터 40대 평범한 직장인의 생생한 지옥 탈출 생존기인 "돈 공부의 힘", 그 이야기를 들려드리도록 하겠습니다.

PART 1

" 월급만으로는 부자가 될 수 없다 "

: 직장인의 현실적인 돈 공부

01

내일 당장
회사에서 잘리게 된다면

.
.
.
.
.

우리는 대학에 진학하고 소위 말하는 스펙을 쌓아 좋은 직장에 들어가기 위해 노력합니다. '좋은 직장'이라는 것에는 주관적인 의미가 있으나, 보통은 연봉과 복지 수준이 높은 대기업을 일컫습니다. 그렇게 직장에 들어가 열심히 일해 회사에서 인정받아 승진하고 탄탄대로를 걸어가고 싶어 합니다.

저 역시도 불과 얼마 전까지 그랬습니다. 뛰어난 업무 성과를 내고 싶었고, 인사 고과에서 탁월한 점수를 받아 승진하고 싶었습니다. 하지만 2020년, 회사에 전 직원 희망퇴직 바람이 불었습니다. 사업부를 대폭 줄이는 일이 생기면서, 언제까지 회사에 기대어 생활할 수는 없겠다는 생각이 어렴풋이나마 들기 시작했습니다.

안일하게 생각하고 있던 차에 경영진은 결국 회사를 정리하는 것으로 결정했습니다. 직원들은 회사 주도로 계열사로 이동 신청을 했는데, 이마저도 만만치가 않았습니다. 코로나로 인해 현재 있는 직원들도 건사하기 힘든 마당에, 추가 인력을 받기란 결코 쉬운 것이 아니었습니다.

당시 사무실을 2개 사업부가 함께 사용하고 있었는데, 그곳의 파티션은 마치 38선과 같았습니다. 천당과 지옥이 따로 없었습니다. 파티션 왼쪽 사업부는 계열사에서 사업을 양도하여 전원 이동이 확정되었습니다.

반면에 제가 속한 파티션 오른쪽 사업부는 그렇지 않았습니다. 그나마 20~30대의 사원, 대리급은 많은 인원이 계열사에 면접을 보고 합격하여 이동하거나 따로 준비하여 이직에 성공한 직원들이 많았습니다. 하지만 40대 이상, 특히 과장 이상의 직급이 이직하기란 '하늘의 별 따기'처럼 어려운 것이 현실이었습니다. 불혹의 나이를 저만치 지나 버린 저를 받아줄 곳을 찾아, 실낱같은 희망을 품고 이력서를 공들여 썼습니다. 여러 곳에 지원했지만, 결과는 처참했습니다.

마치 그 옛날 시장 한쪽에서 몸값이 매겨지는 노예처럼, 저는 좋은 곳으로 팔려나가기를 바라는 현대판 노예가 되어 있었습니다. 노예처럼 회사에서 자신의 가치를 인정받고자 하는 간절한 마음을 품고 있었습니다.

선택받지 못한 노예는 생존의 기회마저 잃게 됩니다. 그들은 사자의 먹이가 되기보다는 주인의 은혜를 입어 살아남기를 갈망합니다. 노예의 삶이라 할지라도 선택받아 사슬에서 벗어나고자 하는 그들의 바람은 어느 누구보다도 절실합니다.

저 또한 마찬가지였습니다. 매일매일 기도로 시작하며, 노예의 삶이라도 좋으니 제발 간택되게 해 달라고 엎드려 빌었습니다. 하늘에 계신 그분께 저의 바람을 들어 달라고 간절하게 매달렸습니다.

지성이면 감천이라고 했던가요? 저의 기도를 하늘이 들어주셨는지 드디어 계열사로 이동하게 되었습니다. 그런데 결과가 놀라웠습니다. 100명의 인원 중 100번째가 바로 저였다는 극적인 이야기를 인사팀에서 듣고 한참을 멍하니 있었습니다.

저는 그렇게 새로운 곳에서 월급 노예의 삶을 지속할 수 있었습니다. 몇 개월 후, 예전 회사에 계속 남아 있던 분들은 얼마 지나지 않아 정리 해고되었다는 이야기를 전해 들었습니다.

여러분은 코로나가 몰고 온 구조 조정과 희망한 적 없는 희망퇴직의 칼바람에 생존하셨나요? 만약 회사에서 해고 통지서를 받고 내일 당장 잘리게 된다면 어떻게 하실 건가요?

때때로 우리는 자신의 의지와 상관없는 일을 많이 겪습니다. 코로나라는 거대한 충격으로 삶이 송두리째 바뀌어 버린 사람들은 너무나 많습니다. 자영업자는 장사가 안되어 빚을 지고, 직장인은 회사가 파산하여 거리로 내몰렸습니다. '포스트 코로나 시대'라고 하지만, 안타깝게도 코로나가 가져온 여파는 우리 사회 곳곳에 심각한 후유증을 남겼고 현재도 진행 중입니다.

비록 운 좋게 위기는 모면했으나, 저는 이 경험을 통해 깨달았습니다. 100세 시대를 살아가면서 직장인으로서의 삶이 전부는 아니라는 사실을 말입니다.

이제는 취미를 사업으로 발전시키고, 블로그나 인스타그램 같은 SNS를 통해 수익을 창출하는 것이 가능한 시대입니다. 그럼에도 불구하고 저는 오랫동안 한 가지 길만 바라보며 살아왔습니다. 이제까지 직장 생활만이 유일한 해답이라고 생각해 온 저 자신을 돌아보니, 그 생각이 얼마나 제한적이었는지 스스로 한심한 생각이 들었습니다.

'이런 일은 언제든지 다시 내게 닥칠 수 있어.'

주먹을 불끈 쥐고 월급 노예를 벗어나기 위한 준비 작업에 들어갔습니다. 저의 어렵고도 험난한 'N잡 라이프'는 생존을 위해 그렇게 시작되었습니다.

현재도 저는 직장 생활을 이어가고 있습니다. 매일 아침 출근하여 업무에 전념하고, 퇴근 후에는 다른 모습으로 변신합니다. 저 자신을 고용주로 삼아, 다양한 온라인 비즈니스를 통해 부수입을 창출하고 있습니다.

직장인으로서의 안정적인 수입은 삶을 유지하는 데 필수적입니다. 매월 정기적인 급여 덕분에 생활에 안정감을 느낄 수 있었고,

이러한 안정성은 제가 조급해하지 않고 꾸준히 자기계발을 하는 데 큰 도움이 되었습니다.

자기계발의 과정에서 저는 다양한 지식을 습득했습니다. 공부에만 머물지 않고, 습득한 지식을 바로 창업 아이디어로 발전시켰습니다. 이러한 노력의 결과로 자리 잡은 N잡으로 월급 이상의 수익을 창출하는 데 성공했습니다. 이제 저에게 직장은 고정적으로 들어오는 단순한 수입원이 아닌, 더 큰 꿈을 향한 발판 같은 존재가 되었습니다.

하지만 안정적인 직장 생활이라 해도, 항상 불확실성은 존재합니다. 세계 경제의 불안정성, 예측할 수 없는 시장의 변화 등 외부 요인의 영향을 받을 수 있기 때문입니다. 예를 들어 코로나와 같은 전례 없는 팬데믹 상황이 발생한다면, 구조 조정이나 강제 퇴직과 같은 위협에 직면할 수도 있습니다.

이러한 불확실성 속에서도 저는 단단함을 유지하기 위해 노력하고 있습니다. 자기계발을 통해 끊임없이 자신을 단련 중입니다. 다양한 경험을 통해 새로운 기회를 발굴하는 데 온 힘을 기울이고 있습니다.

이렇게 저는 직장인으로서의 삶과 개인 사업가로서의 삶을 병행하며, 두 영역에서 모두 성장을 꾀하고 있습니다. 직장 생활에서 얻은 경험과 지식은 저의 개인 사업에도 큰 도움이 되며, 사업을 통해 얻은 통찰력은 직장 생활에도 긍정적인 영향을 미칩니다.

이러한 상호 작용을 통해 더욱 강한 개인으로 성장해 나가는 중입니다.

오늘도 저는 아주 먼 곳에서 불어오는 난기류에도 흔들리지 않기 위해 단단함을 유지합니다. 제2, 제3의 코로나가 몰고 올지도 모르는 구조 조정과 아무도 희망한 적 없는 희망퇴직의 칼바람에도 꿋꿋이 생존하기 위해 스스로를 담금질하고 있습니다. 그리고 한발 더 나아가 저의 다양한 경험을 여러분과 공유하고 함께 성장하고자 합니다.

02

평생 현역이어야
먹고사는 100세 시대

가장 오래 근무한 일자리(55~64세) 근속기간 및 그만둔 연령

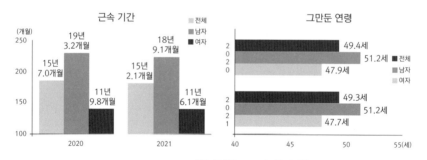

출처: 통계청 2021년 5월, 경제활동인구조사 고령층 부가조사결과

대한민국의 법정 정년은 만 60세입니다. 하지만 통계청에서
발표한 자료에 따르면, 주된 일자리에서 퇴직하는 연령은 2021년
기준 49.3세로 50세가 채 되지 않습니다.

그리고 전체 퇴직자 중 절반 가까운 45.2%가 '권고사직, 명예
퇴직, 정리 해고'(12.2%), '사업 부진, 조업 중단, 휴폐업'(33.0%)의
비자발적 조기 퇴직을 하는 것으로 나타났습니다.

가장 오래 근무한 일자리를 그만둔 연령

(단위: 천 명, %)

구분	2020.5				2021.5					
	계1)	구성비	남자	여자	계1)	구성비	남자	구성비	여자	구성비
전체	4,997	100.0	2,353	2,644	5,245	100.0	2,471	100.0	2,775	100.0
30세 미만	341	6.8	25	317	353	6.7	22	0.9	331	11.9
30~39세	386	7.7	156	230	455	8.7	200	8.1	255	9.2
40~49세	1,100	22.0	608	492	1,110	21.2	586	23.7	524	18.9
50~59세	2,558	51.2	1,223	1,335	2,669	50.9	1,273	51.5	1,396	50.3
60~64세	611	12.2	340	270	659	12.6	390	15.8	269	9.7
평균 이직 연령	49.4세		51.2세	47.9세	47.3세		51.2세		47.7세	

1) 55~64세 인구 중 가장 오래 근무한 일자리를 그만둔 사람(현재도 다니는 경우는 제외)
출처: 통계청 2021년 5월, 경제활동인구조사 고령층 부가조사결과

'사오정(45세가 정년)', '오륙도(56세까지 직장에 다니면 도둑놈)'라는
말이 이미 우리 사회에 자리 잡은 지 오래입니다. 위 통계 자료를 보
니 40대 직장인으로서 '오륙도' 소리를 들어도 그때까지 직장을 다
닐 수 있다면 더 바랄 게 없겠습니다.

그러니 정년퇴직은 더 말할 것도 없겠지요? 이제까지 20년 넘
게 직장 생활을 하면서, 정년퇴직을 하신 분은 주변에 딱 두 분밖에
보지 못했습니다. 어쩌면 현대를 살아가는 직장인에게 정년퇴직은

'전생에 나라를 구한 자'만이 가능한 게 아닐까 하는 생각이 들기도 합니다.

그렇다면 은퇴 후 생활비로는 매달 얼마의 금액이 필요할까요?

중고령자 인구 특성별 주관적 노후 필요 생활비

(단위: 만 원)

구분		최소 노후 생활비		적정 노후 생활비	
		부부 기준	개인 기준	부부 기준	개인 기준
전체		194.7	116.6	267.8	164.5
거주 지역	서울	224.4	137.3	319.1	194.8
	광역시	193.1	108.3	265.7	151.6
	도	186.0	113.8	252.3	160.6

출처: 국민연금연구원, 국민노후보장패널 8차 조사

2020년 국민연금공단의 조사에 따르면, 부부 기준 최소 노후 생활비는 서울 224만 원, 광역시 193만 원, 도(道) 186만 원이고, 적정 노후 생활비는 서울 319만 원, 광역시 266만 원, 도 252만 원입니다. 평균적으로 계산한다면 최소 비용은 200만 원, 적정 비용은 300만 원으로 볼 수 있습니다.

100세 시대를 살아가는 현실에서 직장 생활을 하며 번 돈으로만 살아간다면 생활비가 턱없이 부족합니다. 남성의 경우 군대를 다녀와서 대학을 졸업하고 30세에 취업해서 50세까지 20년 직장 생활을 하며 번 돈으로 퇴직 후 50년을 더 살아야 합니다.

최소 노후 생활비를 기준으로 한다고 해도, 이론적으로 20년 간 매월 500만 원을 모아야 50세 이후 매월 200만 원을 쓰며 생활 할 수 있습니다. 하지만 직장인 평균 급여가 월 400만 원이 채 되지 않는 상황에서 한 푼도 쓰지 않고 모아도 매월 500만 원을 저축하는 것은 불가능합니다. 결국 은퇴 이후에도 생계를 위해 재취업이나 아르바이트로 평생 현역으로 활동하며 돈을 벌어야 하는 것이 오늘 을 살아가는 우리의 현주소입니다.

　　게다가 코로나 이후 이어진 경기 침체로 이제는 4050이 아 닌 MZ세대도 권고사직과 명예퇴직의 대상이 되었습니다. 즉, 10 년 번 돈으로 70~80년을 살아가야 하는 가혹한 현실에 내던져진 것입니다.

　　결국 우리는 재테크를 하지 않으면 안 되는 세상에 살고 있습 니다. '재테크'는 한자 '재물 재(財)'와 기술을 뜻하는 영어 단어 '테크 (tech)'의 합성어입니다. 재물, 즉 돈이 있어야 기술(투자)을 쓸 수 있 게 됩니다. 그러한 이유로 우리는 재테크를 시작할 수 있는 밑천이 되는 종잣돈이 필요합니다.

　　하지만 가장 큰 문제는 월급만으로 종잣돈을 만들기가 너무 어렵다는 것입니다. 그렇기 때문에 평소 과소비를 지양하고 부수입 창출을 통해 그 시기를 앞당겨야만 합니다.

03

내가 자는 동안에도
돈 버는 구조를 만들어라

'부자는 아니더라도 돈 걱정 없이 살고 싶어!'

여러분은 일상생활을 하면서 이런 생각 안 하시나요? 저는 하루에도 몇 번씩 합니다.

솔직히 말하자면, 부자로 돈 걱정 없이 살면 더욱 좋겠지만 현재 상황에서 그것은 무리인 것 같아 '부자는 아니지만 돈 걱정 없이 사는 삶'을 우선 만들어 보고자 합니다.

대부분의 직장인은 '월급'이라는 단 하나의 현금 흐름을 가지고 있습니다. 그러다 보니 월급 받은 지 며칠 지나지도 않았는데 대출 이자, 카드값, 자동차 할부, 공과금으로 다 빠져나가고 있습니다. 남는 것은 한숨뿐입니다. 연봉 인상만으로는 원하는 것에 도달하기에는 현실적인 한계가 있습니다. 부자는 아니더라도 돈 걱정 없이 사는 삶은 결국 월급 외 현금 흐름이 있어야만 가능하다는 결론에 이르게 됩니다.

월급 외 현금 흐름을 만드는 방법은 크게 두 가지로 나누어 볼 수 있습니다.

N잡 수익

첫 번째가 N잡을 통한 부가 수익입니다. 이는 세 가지로 분류할 수 있는데, 쉽게 표현하면 몸빵형, 반자동형, 자동형입니다.

우선 '몸빵형'은 말 그대로 몸으로 때우는 것이지요. 가장 흔한 것으로 편의점, 음식점, 카페, 대리운전 등의 아르바이트나 투잡을 일컫습니다. 특별한 자격증이 없어도 쉽게 시작할 수 있고, 일한 시간만큼 돈을 받기에 즉각적인 수익 창출이 가능합니다. 반면 그만큼 진입 장벽이 낮다 보니, 시간당 벌 수 있는 돈에 한계가 있습니다. 그렇기 때문에 아무리 많이 일해도 일정 이상의 수익을 내기가 어렵습니다. 몸빵형은 오롯이 나의 몸을 써서 하는 것이기 때문에 체력, 건강과 직결되고 언제까지 계속할 수는 없습니다. 처음에는 비록 아무런 경험이 없어 몸빵형으로 시작을 하더라도, 끊임없이 노력하여 반자동형, 자동형 수익 구조를 만들기 위해 노력해야 합니다.

다음으로 '반자동형'은 해외구매대행, 스마트스토어, 블로그, 강의 등이 대표적입니다. 반자동형 구조의 특징은 초기에 많은 노력이 든다는 데 있습니다. 하지만 어느 정도 갖추어 놓으면 약간의 노력만으로도 수익 유지가 가능합니다.

해외구매대행, 스마트스토어를 예로 들어볼까요? 처음 시작할 때는 아이템을 선정한 후 상세 페이지를 만드는 데 많은 시간과 노력이 필요합니다. 그렇지만 일단 만들고 나면 그때부터는 마케팅으로 방문객을 늘리면 됩니다. 들어오는 주문을 처리하면 되므로, 시작할 때와 비교하면 투여하는 시간과 노력이 눈에 띄게 줄어듭니다.

강의도 마찬가지입니다. 처음에 강의안을 작성하고 강의 진행 방식에 대해 연구하는 데 많은 시간이 투자됩니다. 그러나 한번 애써서 만들어 놓으면, 강의 구성을 조금씩 업데이트하는 정도면 충분합니다.

마지막으로 '자동형'은 N잡의 궁극적인 목표가 되겠지요. 초기에 많은 투자와 노력이 필요하지만, 일단 시스템이 갖추어지면 최소한의 노력으로 지속적인 수익을 창출할 수 있습니다. 완성하는 데 어려움은 있지만, 만들어 놓으면 그 이후에는 거의 신경을 쓰지 않아도 됩니다. 달콤한 말처럼 들릴 테지만, 내가 자는 동안에도 나를 위해 돈을 벌어 주는 구조입니다. 자동형 수익의 대표적인 예로는 VOD 강의, 인세, 음원, 저작권 등이 있습니다.

자본 수익

월급 외 수익 두 번째 현금 흐름은 자본 수익입니다. 월급 노예에서 탈출해 경제적 자유를 꿈꾸는 모든 사람이 바라는 수익이기도 합니다. 자본 수익에도 여러 종류가 있지만, 이 책에서는 세 가지로 구분해 보겠습니다.

첫 번째는 예금 이자입니다. 가장 안전한 투자이지만 그만큼 수익도 적습니다. 정기예금 금리를 4%로 가정했을 때, 1억 원을 정기예금으로 넣으면 세전 기준 연 400만 원(월 33.3만 원)의 이자 수익을 얻을 수 있습니다. 만약 10억 원이라면 세전(稅前) 기준 매월 333만 원을 받을 수 있겠네요.

예금 이자의 가장 큰 장점은 안전성과 안정성입니다. 은행이 예금을 보장해 주기 때문에 원금 손실의 위험이 거의 없습니다. 또한 예금자 보호 제도로 인해 예금의 일정 금액까지는 정부에서 보장해 주어 안정성이 높습니다. 하지만 예금 이자는 수익률이 낮다는 단점이 있습니다. 정기예금 금리가 4%라 하더라도 물가 상승률을 고려하면 실질적인 수익률은 더 낮아질 수 있습니다.

두 번째는 부동산 투자입니다. 우리나라 사람들이 '투자'라고 하면 가장 먼저 떠올리는 것이기도 하지요. 월세(상가, 주택)로 현금 흐름과 시세 차익도 기대할 수 있습니다. 부동산 투자는 초기 투자금이 많이 필요하며 취득세, 보유세, 양도소득세 등의 세금도 부담해야 합니다. 특히 취득세는 부동산을 매입할 때 한 번에 내야 하는 세금으로, 부동산 가격의 일정 비율을 차지합니다. 보유세는 부동산을 소유하는 동안 매년 내야 하는 세금입니다. 양도소득세는 부동산을 매도할 때 발생하는 차익에 대해 부과됩니다.

월세 수익의 가장 큰 리스크 중 하나는 공실(空室)입니다. 공실이 발생하면 수익이 줄어들거나 없어지기 때문에 안정적인 현금 흐름을 유지하기 어렵습니다. 따라서 공실 없이 안정적으로 운영하는 전략이 매우 중요합니다.

세 번째는 주식 배당입니다. 기업이 일정 기간의 이익을 주주에게 배당금으로 지급하는 방식을 말합니다. 배당 수익으로 매월 현금 흐름을 만들 수 있고, 주식의 시세 차익도 기대할 수 있습니다. 해외 주식(미국 기준)의 경우 15%, 국내 주식은 15.4%를 배당 소득세로 내야 합니다. 부동산보다 적은 투자금으로 시작할 수 있으며, 환금성이 뛰어납니다.

하지만 이런 장점에도 불구하고 리스크가 발생합니다. 배당소득의 가장 큰 리스크는 기업이 배당을 줄이거나 중단하는 배당컷입니다. 또 시장 변동성에 의한 주가 하락으로 원금 손실을 볼 수도 있습니다.

정리해 보자면, 부자는 아니더라도 돈 걱정 없이 살기 위해서는 월급 외 현금 흐름을 만들어야 합니다. 비록 시작은 몸빵형으로 하더라도 반자동형, 자동형 구조를 만들어 수익을 창출하고 이를 자본 수익으로 연결해야 합니다. 우리의 지상 최대 목표인 '내가 자는 동안에도 나를 위해 자본이 돈을 버는 시스템'을 구축해야 합니다. 사실 이것이 이 책의 핵심입니다. 제가 어떻게 실천하고 있는지 여러분과 공유하기 위한 것이 이 책의 집필 목적입니다.

04

퇴근 후 3시간,
최고의 나를 만드는 데 투자하라

"지금 받는 연봉에 만족하고 계신가요?"라고 묻는다면 어떤 답을 하실 건가요? 아마도 저를 포함한 거의 모든 사람이 "아니요." 라고 답할 것입니다.

실제로 한국경영자총협회가 발표한 〈2023년 상반기 규모 및 업종별 임금 인상 현황 분석〉 보고서에 따르면, 상반기 상용근로자 월평균 임금 총액은 395.8만 원으로, 전년 대비 2.9% 상승하는 데 에 그쳤습니다. 하지만 같은 기간 소비자 물가의 상승률은 4.0%나 됩니다. 즉, 임금 인상률이 물가 상승률을 따라가지 못하고 있다는 이야기입니다.

고물가로 인해 별로 쓴 것도 없는 것 같은데 매달 청구되는 카드 값에 한숨이 저절로 나옵니다. 금리가 너무 올라 원금은 고사하고 대출이자 갚느라 허리가 휠 지경입니다. 내리는 비와 내 월급만 빼고 다 오르는 것 같습니다. 그런데 앞에서 언급한 보고서를 보니 그게 사실이었습니다.

월급만 가지고서는 매월 지속되는 마이너스의 굴레를 도저히 벗어날 수 없을 것 같습니다. 이번 기회에 자기계발을 하고 부업을 시작해서 텅 비어 버린 통장인 '텅장'을 통장으로 바꾸어 보겠노라 결심합니다.

마음을 그렇게 가지니 경제적 자유가 눈앞에 보이는 것만 같고, 마음은 이미 월천대사입니다. 마인드 세팅이 중요하다고 들은 적이 있어, 온라인 서점에서 자기계발과 동기 부여 관련 책을 주문했습니다. 평일은 업무도 바쁘고 피곤하니 주말부터 공부를 시작하기로 합니다.

드디어 금요일 근무를 마치고 오늘부터 열심히 공부하겠다는 굳은 결의로 퇴근했습니다. 그리고는 집 앞 편의점에 들렀습니다. 오랜만에 하는 공부이니 당이 떨어지면 바로 당 보충을 해주어야 하니까요.

그런데 4캔에 16,000원 하는 맥주가 주말 이벤트로 10,000원 이라는 행사 문구가 발목을 잡습니다. '눈이 보배'라고 했던가요. 무려 60% 할인입니다.

'이런 건 무조건 사줘야 해. 대신 오늘은 공부해야 하니까 사

기만 하고 나중에 마시는 거야.'

집에 들어와 샤워를 하고 습관처럼 넷플릭스, 유튜브를 켰습니다. 보려고 하는 것은 아닙니다. 단지 뭐가 있나 확인만 하는 것일 뿐. 어라? 하지만 새로운 것이 있습니다. 평점도 좋고 어떤 내용인지 궁금해서 10분만, 정말 딱 10분만 보고 끄기로 했습니다. 그런데 이게 웬일인지 너무 재미있어서 빠져들어 버렸습니다. 순간 아까 편의점에서 사 온 맥주가 떠올랐습니다. 나중에 마시겠다던 맥주 한 캔을 따고, 얼마 지나지 않아 또 한 캔을 땁니다.

'어차피 주말 동안 시간도 많은데, 오늘만 보고 내일부터 더 열심히 공부하면 되지!'

어때요? 가상의 인물로 이야기를 구성했지만, 여러분도 자신의 이야기처럼 와닿지 않나요?

퇴근 후 나와의 약속 만들고 지키기

퇴근이 가까워지는 5시 반, 회사 동기에게서 사내 메신저가 왔습니다.

"오늘 칼퇴하고 삼겹살에 소주 한잔 어때?"

"갑자기 무슨 일이라도 있어?"

"아니, 그냥……. 요즘 업무 스트레스도 많고 해서 한잔하면서 풀려는 거지."

"그래, 특별한 약속 없어. 6시 10분에 1층 로비에서 보자."

회사 근처에서 삼겹살에 술 좀 마시고, 2차는 카페에서 커피 마시면서 이런저런 이야기를 하다 보니 어느덧 문 닫을 시간이라는 말에 정리하고 집으로 향했습니다. 지하철에서는 술도 마셨겠다 졸면서 내릴 곳을 지나칠 뻔하다가 겨우 내려서 집에 도착하니 11시가 훌쩍 넘었습니다. 씻고 나니 12시가 되어 바로 잤습니다.

원래는 퇴근 후 집에 가서 온라인 강의를 들으려고 했는데 차마 말하지 못했습니다. 그렇다고 만나서 이야기한 내용이 특별한 의미가 있는 것도 아니었어요. 그냥 술 마시면서 나누는 회사 이야기, 돈 이야기, 노후 이야기 등 상투적인 것일 뿐…….

이것이 불과 얼마 전까지의 제 모습입니다. 하지만 본격적인 자기계발과 부업을 시작한 후로는 중요한 비즈니스 미팅이 아닌 친목 모임에는 나가지 않습니다. 친목 도모가 중요하지 않다는 것은 아니지만, 퇴근 후 부업을 하는 시간과 겹치니 둘 다 할 수는 없었습니다. 또한 제가 나가지 않아도 아마 다른 사람에게 연락해서 만났을 겁니다. 반드시 '저'여야만 하는 것은 아니니까요.

이제는 이런 연락이 오더라도 "오늘 선약이 있어."라고 이야기합니다. 퇴근 후 하려고 한 계획도 나와의 약속이니까요. 타인과의 약속을 잘 지키듯 자신과 한 약속도 잘 지키고자 합니다.

제가 처음부터 이렇게 단호하게 선약이 있다고 한 것은 아니었습니다. 팀 페리스의 저서 『타이탄의 도구들』에 나오는 마이크 버비글리아의 글을 읽고 제 삶에 적용하게 된 것이지요. 버비글리아는 코미디언이자 영화 제작자, 배우, 작가로 잘 알려져 있습니다. 그는 자신의 성공 비결로 "모든 것을 기록하라"는 철학을 강조합니다. 이는 다른 사람과의 약속뿐만 아니라 자기 자신과의 약속도 명확하게 시각화하고 상기시켜야 실행력이 높아진다는 것을 의미합니다. 마이크는 자기 자신과의 약속을 지키기 위해 '마이크!! 내일 아침 7시에 페들러 카페에서 너와 약속이 있어!'라고 적은 쪽지를 침대 옆에 두고 잔다고 합니다. 이처럼 자기와의 약속을 시각적으로 명확히 하여 실행력을 높이는 것이 그의 습관 중 하나입니다.

우리 모두는 쉽게 일상의 유혹에 빠져들기 마련입니다. 피곤한 하루를 마치고 집에 돌아오면 자연스럽게 휴식을 찾게 됩니다. 사실 이렇게 말하고 있는 저조차도 저녁 먹고 침대에 '10분만 누웠다가 일어나서 씻고 책 봐야지.' 하고는 10분이 아니라 100분을 더 잔 적도 많습니다. 도저히 안 되겠다 싶어, 이제는 아예 저녁 식사 후 침대에 눕지 않고 바로 씻고 책상으로 갑니다.

퇴근 후 3시간을 자신과의 약속으로 정하고 최고의 '나'를 만드는 데 집중해 보세요. 몇 개월 안에 놀라운 성장을 경험할 수 있을 것입니다. 처음부터 눈부신 성과가 나타나지 않더라도, 일단 시작한 후에 수정하고 다듬어가는 과정이 중요합니다. 시도조차 하지 않으면 어떠한 성과도 이룰 수 없습니다.

『미움받을 용기』로 유명한 기시미 이치로도 그의 저서 『아무것도 하지 않으면 아무 일도 일어나지 않는다』에서 실천의 중요성을 강조했습니다. 자신의 성장을 위해 시간을 투자하고 행동에 옮기는 것이 중요합니다. 이치로의 말처럼 아무것도 하지 않으면 정말 아무 일도 일어나지 않기 때문입니다.

05

부업만큼 중요한
건강 및 시간 관리

직장에 다니며 부업을 병행한다는 것은 결코 쉬운 일이 아닙니다. 아무래도 직장에 매인 몸이다 보니 퇴근 후에나 부업 활동이 가능하기 때문이죠. 시간은 없는데 이룬 것은 없고 이룬 것이 없으니 배움에 목말라 프로 수강러가 됩니다. 어렵게 부업을 시작하더라도 늘 시간이 부족하니 결국 잠자는 시간을 줄이는 방법을 선택하게 됩니다. 잠을 줄이는 방법은 단기적으로는 효과가 있을지도 모르지만, 부업을 오랫동안 지속하기 위해서 장기적으로 볼 때는 오히려 비효율적입니다.

저 역시 하루 2~3시간만 자고 부업을 한 적이 있었는데, 2주 정도 지나자 깨어 있어도 정신이 몽롱하고 회사 업무에도 전혀 집중할 수가 없었습니다. 어느 날은 뒷머리에서 전기가 오르는 듯한 느낌이 들면서 '아, 부업한다고 설치다가 한 방에 훅 가는 수도 있겠구나.' 하는 생각이 번뜩 들었습니다. 특히나 저처럼 몸뚱이가 재산인 사람에게 건강 관리는 너무나 중요합니다.

그 후로 어떻게 시간 확보를 할 수 있을지 고민하다 실행하고 있는 저만의 노하우를 공유하고자 합니다. 그리 어렵지 않으니 자신만의 패턴을 찾으면 바로 시작하실 수 있을 것입니다.

충분한 수면으로 최상의 컨디션 유지하기

잠을 줄이는 방법은 건강까지 해치는 결과를 가져올 수 있으니 일단 잠은 충분히 자도록 합니다. 저는 최소한 5시간 반은 자야 맑은 정신으로 하루를 보낼 수 있습니다. 회사가 멀어 아침 출근을 일찍 하는 편이라 6시 전에는 일어나야 하기 때문에 되도록 자정 무렵에는 잠자리에 듭니다. 자기계발이나 부업을 하다 보면, 조금만 더해서 이 부분까지는 마무리하고 싶은 마음이 굴뚝같습니다. 그러나 다음 날 온전한 하루를 제대로 보내기 위해서는 과감히 접고 컴퓨터를 꺼야 합니다.

충분한 수면도 중요하지만, 자신이 언제 집중할 수 있는지도 고려해야 합니다. '미라클 모닝'이 유행하면서 마치 새벽에 일어나야만 성공할 수 있다는 분위기가 형성된 적이 있었는데요. 저도 그 대열에 합류하여 새벽 4시에 일어나 출근 준비 전까지 약 1시간 반을 공부나 독서를 한 적이 있습니다. 하지만 저는 학생 때부터 밤에 집중이 잘 돼서 시험공부도 주로 밤에 했었어요. 근데 제 생체 리듬은 고려하지 않고 4시에 일어나니, 책상 앞에 앉아서 공부는커녕 꾸벅꾸벅 졸기만 하고 회사에 가서도 하루 종일 피곤해 컨디션이 엉망이었습니다. 그렇게 딱 닷새 만에 미라클 모닝을 포기했습니다. '일찍 일어나는 새가 벌레를 잡아먹을 수도 있지만, 일찍 일어난 벌레는 오히려 새에게 잡아먹힌다.'라는 말도 있듯이, 자신의 상황에 맞는 방법을 찾아 집중하는 것이 가장 중요합니다.

틈새 시간 활용하여 트렌드 파악하기

저는 6시 30분쯤 출근 지하철을 타서 대부분 앉아 갑니다. 새벽 2~3시에 잘 때는 앉자마자 꾸벅거리며 졸기에 바빴는데, 충분한 수면을 취하니 맑은 정신을 유지할 수 있었습니다. 그래서 지하철 출근길에서 할 수 있는 것을 찾아봤는데, 신문 기사 읽기가 가장 적합했습니다. 휴대전화로 네이버 화면에서 신문사 1~2곳을 저장하고 아침 출근 시간을 활용하여 모든 기사를 100% 읽지는 못해도 전체적인 내용은 봤습니다. 그냥 휴대전화에 뜨는 기사를 보다 보면 삼천포로 빠지기 쉽고 내가 원하는 기사만 보게 되어 우리 사회의 전반적인 흐름을 알 수가 없습니다. 신문 전체를 보는 것이 사회의 동향을 파악하고 트렌드를 이해하는 데 도움이 됩니다. 부업을 해도 트렌드를 읽어 낼 수 있어야 그에 맞춰 성공할 수 있습니다.

지하철을 타는 시간이 이르니 회사는 보통 8시면 도착합니다. 아무도 없는 사무실에서 탕비실에 있는 커피와 집에서 가져온 빵으로 간단히 요기를 하고, 업무 시작 전까지 전자도서관에 접속하여 경제 주간지를 봤습니다. 그리고 점심시간에는 식사를 얼른 마치고 사무실로 돌아와서 독서를 했습니다.

매일 책을 들고 다니면 가방이 무거워 불편해 종이책보다는 '밀리의 서재'를 정기 구독해서 이용했습니다. 회사 PC로도 볼 수 있으니 휴대전화의 작은 화면으로 보는 것보다 훨씬 편했어요. 이렇게 하니 일주일에 1~2권의 책을 읽을 수 있었고 책 사는 비용도 절감할 수 있었습니다. 책 몇 권만 사도 5만 원이 훌쩍 넘어가던데, 그 비용도 만만치가 않더라고요. 만약 소장해서 계속해서 보고 읽고 싶은 책이 있을 때는 따로 주문해서 재독, 삼독을 했습니다.

아침 출근길에 지하철을 둘러보면 많은 사람들이 휴대전화로 유튜브, 넷플릭스, 인스타그램을 봅니다. 그리고 점심 식사 후에는 카페에 들러 커피를 마시며 이야기합니다. 이 역시 하루 생활의 활력소가 될 수 있기 때문에 결코 비난하는 것은 아닙니다.

그러나 자기계발과 부업을 하는 분들은 이해하시겠지만 시간이 부족하다고 느낄 때가 많습니다. 퇴근 후 자기계발과 부업에 쓸 수 있는 시간이 얼마나 된다고 생각하시나요? 보통 2~3시간이고, 많아야 4시간일 겁니다. 저는 퇴근 후 집에 와서 저녁 먹고 샤워를 마치고 나면 9시가 넘습니다. 12시에 잠들기 전까지 집중해서 활용한다고 하더라도 3시간이 채 되지 않습니다. 만약 출근길에 30분, 점심시간에 30분, 이렇게 1시간을 추가로 활용한다면 최소한 신문 읽기와 독서는 이 시간에 해결할 수 있으므로, 다른 시간에는 실질적인 부업 활동에 전념할 수 있습니다.

경제 공부와 사회 트렌드를 놓치지 않기 위해 현재 저는 경제신문과 밀리의 서재를 연동한 패키지를 구독하고 있는데, 이를 소개하며 이번 장을 마무리하고자 합니다.

[한국경제신문+밀리의 서재] 패키지

출처: 한경 멤버스

바로 한경멤버스의 스페셜 패키지인데요. '모바일한경'과 '밀리의 서재'를 결합한 상품이 1년에 15만 원입니다. 밀리의 서재 구독료가 월 9,900원이니 약 3만 원만 추가하면 경제신문을 1년간 구독하여 제대로 볼 수 있다는 장점이 있습니다.

혹시라도 신문은 모바일 앱으로 보고 밀리의 서재만 필요한 분은 휴대전화 요금과 결합된 다양한 상품 중에서 본인의 라이프 스타일에 맞는 것을 선택하여 신청하면 됩니다. 게다가 무약정이기 때문에 필요 없다면 언제든지 해지할 수 있습니다.

위와 같은 방법으로 이왕이면 경제적인 가격으로 지속적인 신문과 책 읽기로 사회 트렌드를 반영한 부업을 선택하여 성공 확률을 높이길 바랍니다.

PART 2

" 가장 쉽게
돈을 버는 방법 "

: 덜 쓰기

01

재테크의 시작은
재정 상태를 아는 것부터

    우리는 건강이 좋지 않으면 병원에 가서 진찰과 검진을 받고 그 결과에 따라 의사에게 진단과 처방을 받아 치료를 시작합니다. 돈 관리도 마찬가지입니다.

    다시 말해 내 짐작과 추측이 아닌 객관성을 지닌 정확한 사실에 입각한 데이터가 필요합니다. 따라서 현재 나의 자산과 소득, 지출이 어떤 상태인지 파악하는 것이 중요합니다. 이제부터는 그 과정을 단계별로 자세하게 알려드리려고 합니다.

돈 관리의 첫걸음, 자산 파악

    현재 자산이 얼마 있는지 살펴봅니다. 예·적금, 보험, 주식, 펀드, 연금, 전세금, 월세 보증금, 자동차 등 모든 것을 기재합니다.

여기서부터가 출발점입니다.

- ▸▸ **부동산** 자가(自家)의 경우 네이버 부동산, 호갱노노 등의 부동산 사이트를 통해 현재 시점의 거래가 기재, 전월세는 보증금 기재
- ▸▸ **보험** 현재 기준의 해지 환급금 조회하여 기재
- ▸▸ **투자 상품** 주식, 펀드의 경우 현재 시점 평가액 기재
- ▸▸ **자동차** 중고차 매매 사이트로 본인 차량 조회 후 시세 기재
- ▸▸ **예·적금** 이자를 제외한 원금만 기재
- ▸▸ **현금** 보유한 모든 계좌 조회 후 잔액 기재 (요즘은 신규 계좌 만들기가 까다로우니, 안 쓰는 계좌의 잔액을 0으로 하고 유지하는 것도 좋은 방법입니다.)
- ▸▸ **기타** 현금화할 수 있는 물품

제가 2억 5천이 넘는 빚을 떠안게 되었을 때 가장 먼저 한 것이 자산 파악이었습니다. 목적이 다르긴 하지만 당시 제가 자산을 파악한 가장 큰 이유는 현금화할 수 있는 '유동성 자산'이 얼마나 되는지를 알아야 했기 때문입니다.

부채 파악

현재의 부채가 얼마인지 알아야 순자산의 파악이 가능합니다.

여기서 '부채'라고 함은 대출 이외에 자동차 할부금 잔액, 신용카드 사용액(무이자 할부 포함), 세입자에게 받은 전월세 보증금 등이 있습니다. 이렇게 총자산에서 부채를 빼면 자신의 순자산 규모를 파악할 수 있습니다.

만약 본인 총자산이 1억 원인데 그중 부채가 8천만 원이라면 '순자산'인 진정한 내 돈은 2천만 원입니다. 이처럼 부채를 모두 제외해야만 정확한 순자산을 파악하여 수치화할 수 있습니다.

소득 파악

이제 본인의 월 소득을 계산해 봅니다. ① 급여(세전·세후 구분, 4대 보험 등 세금이 얼마나 나가는지도 확인), ② 명절 상여금이나 인센티브, 휴가비 등이 나온다면 별도 기재, ③ 기타 소득이 있다면 기재합니다. 월 소득에서 월 지출을 뺐는데 마이너스라면 정신을 바짝 차려야 합니다.

상여금은 공돈이란 생각으로 평소 사고 싶었던 물품을 구매하는 경우가 많습니다. 하지만 상여금은 거저 생긴 공돈이 아닌 근로계약서에 명시된 소득이라는 것을 잊으면 안 됩니다.

지출 파악

본인이 얼마나 쓰고 있는지 꼼꼼하게 계산해 봅니다. 고정 지출과 변동 지출로 구분하여 기재하면서 확인하는 것이 중요합니다.

고정 지출에는 통신비, 관리비, 대출이자, 보험료, 세금을 포함한 각종 공과금 등이 해당합니다.

다음으로 변동 지출도 기재합니다. 고정 지출을 제외한 비용인데, 식자재비, 외식비, 의류비, 소모품비 등으로 주로 생활비에 해당합니다.

만약 가계부를 쓰지 않는 분이라면, 번거롭더라도 최근 3~6개월의 카드 내역을 보면서 파악해야 합니다. 이 부분은 가장 힘들지만 반드시 점검해야 하는 과제입니다.

실제로 가계부 프로젝트를 진행할 때 이 과제를 수행한 분과 수행하지 않은 분은 마음가짐과 목표부터 다릅니다. 이 차이는 객관적인 나의 상황을 정확하게 파악하여 인지하는 데서 비롯됩니다. 나를 제대로 아는 메타인지의 중요성도 자산을 파악할 때 놓칠 수 없는 부분입니다.

목표 금액 및 기간 설정 (부채가 있다면 부채 상환이 우선)

자산, 소득, 지출 파악을 통해 내가 매월 얼마를 모을 수 있는지 계산하고 종잣돈의 금액과 기간을 정합니다. 길면 지칠 수 있으니 짧고 독하게 하는 게 좋습니다. 만약 '2년에 3,000만 원의 종잣돈을 만들기'라는 목표를 정했을 때는, 이를 역으로 계산하면 1년에 1,500만 원을 모아야 하고, 매월 125만 원을 모아야만 달성할 수 있습니다.

다만 신용 대출 등의 부채가 있는 분들은 종잣돈 모으기보다 부채 상환이 우선입니다. 6~7% 또는 그 이상의 대출 이자를 부담하면서 목돈을 모아 한 번에 대출을 갚겠다는 계획은 바람직하지 않습니다. 대출은 바로바로 상환해야 원금과 이자가 줄어 시간이 지날수록 원금 상환 속도가 빨라지며, 줄어드는 원금을 보면서 할 수 있다는 자신감과 심리적인 만족을 얻을 수 있습니다.

다음 챕터에서는 현명한 소비로 재정 효율성을 최적화하는 방법에 대해 알아보겠습니다.

02

부자가 되고 싶다면
오늘의 소비 패턴을 바꿔라

    회사에서는 매년 예산을 수립한 후 불필요한 비용을 철저히 통제합니다. 또한 예산이 제대로 집행되었는지 점검하고, 집행률 등으로 확인하는 절차를 거칩니다. 이를 가정에도 동일하게 적용할 수 있습니다. 우리는 모두 가정의 CEO이자 CFO이므로 '가정이라는 기업'의 예산을 수립하고 필요한 비용을 미리 파악하여 그 선을 넘어가지 않도록 해야 합니다. 따라서 매월 허락된 예산 내에서 움직여 흑자 경영이 되도록 노력하는 것이 중요합니다.

    우리는 이미 지난 챕터에서 3~6개월 간의 카드 내역을 모두 확인하며 지출을 확인했습니다. 이제 그 내용을 바탕으로 항목별 예산을 수립해 보겠습니다.

고정비

고정비 줄이기 예시

고정 지출	계획 전	계획 후	절감 방안
관리비(전기료, 가스비)	300,000	300,000	
정수기 등 렌탈비	39,800	16,900	정수기 교체
인터넷·TV	49,000	49,000	약정 만료 시 교체 후 현금 지원
통신비(집전화, 휴대전화)	150,000	60,000	알뜰폰으로 통신사 변경
월세·대출금상환·이자	1,000,000	1,000,000	
부모님 생활비	300,000	300,000	
교육비	500,000	500,000	
보험료	300,000	300,000	보험 점검 후 리모델링 계획
기타(그 외 기재)			
합계	2,638,800	2,525,900	112,900원 절감 계획

고정비 중에서 비용을 줄일 수 있는 항목이 몇 가지 있습니다.

우선 정수기 비용입니다. 렌탈 업체마다 차이가 나는데 부모님 댁은 렌탈비가 2만 9,900원입니다. 비싼 것은 아니지만 꽤 유명한 브랜드 제품이고 온수·냉수·정수가 나옵니다.

우리 집은 유명 브랜드가 아닌 온수·냉수만 나오는 정수기를 1만 6,900원에 4년간 사용하다가, 계약 기간이 끝나면서 재계약 시 같은 비용으로 정수까지 나오는 제품으로 교환했습니다.

이 시장은 마케팅에 좌우되므로 아무래도 그 비용이 가격에 반영될 수밖에 없을 것으로 생각하여 렌탈비가 저렴한 것으로 결정했는데, 점검 주기도 같고 문제없이 잘 사용하고 있습니다. 한 달 1만 3,000원 차이면 1년에 15만 6,000원을 절약할 수 있습니다. 얼음이 나오는 정수기 가격과 비교한다면 더 큰 차이가 날 것입니다.

다음으로 휴대전화 요금입니다. 두 가지로 나눌 수 있는데, 첫 번째는 휴대전화 단말기 할부금입니다. 통신사마다 약간의 차이가 있지만 6~9% 정도의 분할 상환 수수료를 포함한 원리금 균등 상환 방식으로 납부를 하게 됩니다.

100만 원짜리 스마트폰을 위와 같은 방식으로 36개월 할부로 구매할 시, 이자율을 8%로 계산하면 총 납부 금액은 112만 8,190원으로 13%에 가까운 금액을 더 내게 되는 셈입니다. 간단하게 말해서 100만 원을 연이율 8%로 신용 대출받고, 36개월 동안 원리금을 분할 상환하는 것이라고 보면 됩니다.

우리가 대출금 중도 상환을 하듯 통신사 고객센터에 연락해서 단말기 할부금을 완납하고 싶다고 요청하면 됩니다. 신용카드로도 납부 가능한데 일시불이 부담스러운 분들은 무이자 할부를 활용하면 비용을 아낄 수 있습니다.

다음은 알뜰폰으로 통신사를 변경하는 방법이 있습니다. 알뜰폰은 자체 무선 통신망을 가지고 있지 않고 SK, KT, LGU⁺ 통신 3사 사업자에게 도매가격으로 임대하여 저렴한 요금제로 통신 서

비스를 제공하는 것입니다. 알뜰폰은 기존 3사(SK, KT, LGU⁺) 요금
제를 사용하는 사람은 누구나 사용할 수 있습니다.

초창기에는 해외 로밍이 안 되는 불편이 있었지만 몇 년 전부
터는 해외 로밍도 가능하고, 어차피 3사의 통신망을 대여하여 쓰는
것이기 때문에 통화 품질 또한 같습니다. 요즘에는 더 많은 알뜰 통
신사가 생겨서 소비자 입장에서 선택의 폭도 넓고, 가성비가 뛰어
난 상품도 많습니다.

또한 약정이 없는 것이 큰 장점이기도 합니다. 저도 얼마 전에
기존의 다른 알뜰폰 통신사에서 토스 모바일로 변경하며 통신비를
더 낮추었습니다.

변동비

변동비는 본인의 의지에 따라 줄일 수 있는 항목이 많습니다.
다만 무턱대고 줄이면 세워 둔 예산을 초과하고, 예산을 초과하는
항목이 많아지면 '나는 역시 안 돼.'라고 한탄하며 포기하기 쉽습니
다. 따라서 무조건 비용을 줄이기보다는 본인의 생활 패턴을 고려
하며 2~3개월간 서서히 줄여 나가는 것이 좋습니다.

변동비 줄이기 예시

(단위: 원)

변동 지출	계획 전	계획 후	절감 방안
주식비(마트, 슈퍼)	300,000	250,000	
외식비(배달 포함)	300,000	150,000	집밥, 밀키트 활용
간식·커피·음료	150,000	30,000	셀프 핸드 드립 커피 이용
생활용품	100,000	100,000	
의류·미용	250,000	100,000	할인가, 블로그 체험단 활용
자기계발비	100,000	50,000	무료 교육 사이트 활용
육아	200,000	100,000	맘카페 활용, 키즈카페 지양
문화생활비	100,000	100,000	
대중교통비	100,000	100,000	
차량 유지비	300,000	250,000	
용돈(남편, 아내)	600,000	500,000	각 50,000원 삭감
유흥비	200,000	100,000	
기타(그 외)			
합계	**2,700,000**	**1,830,000**	**870,000원 절감 계획**

그리고 절약의 근육이 만들어지면 그때부터는 최소한 빚을 다 갚을 때까지 또는 목표한 종잣돈을 다 모을 때까지는 제대로 독하게 하는 것도 괜찮은 방법입니다. 그 시기를 앞당길수록 좋습니다.

이번에는 변동비를 줄일 수 있는 방법을 알아보겠습니다. 저의 생존 절약 사례를 소개하오니, 참고하여 응용할 것은 응용하여 본인에게 최적화된 것으로 만들면 됩니다.

▸▸ **모임 안 나가기** 일단 모임에 나가게 되면 식사하고, 술 마시고, 카페 가서 이야기하는 게 다반사입니다. 그렇게 돈을 쓰고 나서 1/N로 계산해 보면 몇만 원은 기본으로 지출됩니다. 정말 필요한 모임이 아닌 일반적인 친목 도모의 만남이라면 그런 상황을 만들지 않고 유혹을 뿌리치는 게 최선이라 여겨 저는 몇 년간 모임도 나가지 않았습니다.

▸▸ **옷 안 사기** 목표 기간까지 안 사는 게 가장 좋으나 꼭 사야 한다면 정상가보다는 할인가로 사거나 아울렛 등을 통해 저렴하게 구매하는 것을 추천합니다.

저는 남성 의류는 크게 유행을 타지 않는다고 생각하는 편입니다. 그래서 2~3년 전에 생산된 재고 위주로 구매하곤 합니다. 이러한 방법으로 제가 선호하는 브랜드 제품을 80~90% 할인된 가격으로 사고 있습니다.

출처: 패션플러스

▸▸ **술은 집에서 마시기** 돈을 모으려면 술을 마시지 않는 것이 가장 좋지만 현실적으로 쉽지 않습니다. 가끔 술이 생각나는 날에는 맥주 사서 집에서 마시면 됩니다. 요즘 마트에 가면 수제, 수입 등 다양한 맥주 종류가 있으니 이를 활용하시면 좋습니다.

마트에서 4캔을 9,400원에 팔길래 저도 샀습니다. 그나마 예전에는 3년 넘게 맥주도 마시지 않았는데 이제 국산 맥주는 가끔 마십니다.

▸▸ **카페 안 가기** 출근하면서 카페에 들러 커피 한 잔 들고 회사에 가고, 점심 후에 입가심으로 또 한 잔 드시는 분들이 많습니다. 하지만 적어도 종잣돈이 모일 때까지 카페에 가지 않으면 훨씬 많은 돈을 모을 수 있습니다.

저는 집에서 아내와 함께 핸드 드립 커피를, 회사에서 드립백 커피를 마시는데 이를 스타벅스 커피 1년 비용과 비교해 보겠습니다. 스타벅스 아메리카노 톨 사이즈 기준으로 4,500원, 1일 1잔으로 계산했습니다.

▸▸ 1년 비용: 4,500원×30일=123,000원×12개월
=1,620,000원

다음은 핸드 드립 커피입니다.

위와 같은 핸드 드립 세트가 필요합니다. 주말 아침 일찍 당일 치기 여행 출발 시, 커피를 내리고 테이크아웃할 종이컵과 덮개를 사용하곤 했습니다. 그런데 텀블러를 활용하니 환경에도 도움이 되고 여러모로 더 좋았습니다.

핸드 드립용 분쇄 커피를 파는 곳은 인터넷을 검색하면 쉽게 찾을 수 있습니다. 저는 17,500원/1kg짜리 1개를 2개월 동안 마십니다. 1개월에 대략 9,000원입니다. 여과지도 필요한데 이건 생활용품점이나 마트에서 100장짜리를 2,000원에 살 수 있습니다.

▶▶ 핸드 드립 3종 세트: 24,000원 (1회분)

▶▶ 테이크아웃 컵, 머그리드 100개: 5,500원＋3,800원＝9,300원

▶▶ 분쇄 커피 500g: 9,000원×12개월＝108,000원

▶▶ 커피 여과지 100장: 2,000원×6개＝12,000원 (1년 치)

드립백 커피도 살펴보겠습니다.

출처 : 스마트스토어 리파인커피

드립백 커피는 인터넷에서 개당 400~500원에 구매할 수 있습니다.

▸▸ 1개월 비용: 500원×30일 = 15,000원×12개월
                = 180,000원

1년 커피 비용 비교_스타벅스 vs. 핸드드립 vs. 드립백

(단위: 원)

구분	스타벅스	핸드드립	드립백
1년 비용	1,620,000	153,300	180,000
차액	-	1,466,700	1,440,000

1년에 144~146만 원 차이가 나는 것을 알 수 있습니다. 12개월로 나누면 매월 12만 원을 아낄 수 있는 금액입니다.

▸▸ **식비 줄이기** 특히 외식비를 줄여야 합니다. 되도록 외식은 지양하고, 인터넷에 찾아보면 냉장고 털어먹기 등 다양한 방법이 있으니 참고하시기를 바랍니다. 하지만 집밥이 싫증 날 때는 밀키트 활용도 추천합니다.

요즘은 밀키트가 편하게 잘 나올뿐더러 가성비도 뛰어나기 때문에 저 역시 외식보다 이런 방식을 활용하고 있습니다. 물론 집밥을 먹는 게 제일 좋겠지만, 너무 아끼다 보면 지쳐서 포기하게 되니까 그 절충안을 찾는 게 중요합니다.

저는 아이의 교육을 위해 주말에 박물관이나 지역 문화를 느낄 수 있는 곳을 자주 갔습니다. 앞서 이야기한 주말 당일치기 여행이라고 할 수 있는데요. 자동차로 2시간 30분 이내는 숙박을 하지 않고 당일 오후에 돌아오는데, 1박 2일로 가는 것보다 20만 원 이상 아낄 수 있습니다.

이때는 5~6시에 일어나서 커피와 함께 샌드위치나 토스트를 준비했습니다. 보통 7시 전에는 집에서 출발해서 아침은 차에서 간단히 먹고 9시쯤에는 목적지에 도착했습니다. 박물관이나 관광지가 보통 9시부터 시작하기 때문에 도착 후 바로 들어갈 수 있습니다.

당시는 아이가 초등학교 입학 전이어서 하루 종일 머무르는 게 힘들었습니다. 그래서 12시나 1시에 식당에서 점심을 먹고 집으로 돌아왔습니다. 고속도로도 거의 밀리지 않아서 오후 4시 전에는 집에 도착해 함께 낮잠을 자고 저녁에는 제 시간을 활용했습니다. 이처럼 아내와 제가 조금 더 부지런히 움직여서 시간과 비용을 아낄 수 있었고, 그 덕분에 아이를 위한 교육 여행을 지속할 수 있었습니다.

03

통장에 무조건
돈이 쌓이는 부자 습관

주간 가계부 쓰기

평소 가계부를 쓰는데도 지출이 줄지 않는 분들이 많습니다. 그건 가계부를 의미 없이 기록만 했거나, 진심으로 하고자 하는 의지가 약했기 때문입니다. 가계부는 내 예산과 지출 범위를 이해하고, 소비 내역을 보며 전체 예산 내에서 소비하고 마감해야만 작성하는 의미가 있다고 할 수 있습니다.

가계부는 엑셀도 있고 앱도 있는데 본인의 성향에 맞게 활용할 것을 추천합니다. 저는 야근도 잦고 집에 와서 따로 엑셀로 작성하기보다는 앱을 사용하여 가계부를 작성하고, 필요하면 그것을

'엑셀로 가져오기' 하여 관리하고 있습니다.

또한 돈을 모으기 위해서는 신용카드보다는 체크카드를 사용하는 것이 좋습니다. 신용카드는 당장 사용하기는 정말 편리하지만, 결국 전부 빚으로 돌아옵니다. 무이자 할부와 포인트 적립 등 여러 가지 혜택이 있으나, 그 유혹을 단호하게 뿌리쳐야만 돈을 빨리 모을 수 있습니다.

소비를 하다 보면 반드시 예산과 각 항목의 예산에 맞게 지출이 이루어지지는 않습니다. 저는 주차별로 계산하여 1주에 30만 원이라는 예산으로 소비 총액 맞추기를 했습니다.

하지만 주 예산을 다 썼는데 반드시 이번 주에 사야만 하는 것이 있다면 일단 소비하고 다음 주 예산을 계산하여 쪼갭니다. 냉장고 파먹기를 하든지, 책을 안 사고 도서관에서 빌리든지, 이발을 일주일 미루든지 우선순위를 구분하여 추가 지출된 금액을 복구하기 위해 노력합니다. 그러다 보면 안 사도 되는 물품이 나오기도 합니다.

그런데 신용카드 사용에 익숙해지고 나면 이게 잘되지 않습니다. '일단 쓰고 나중에 아끼면 되지.'라는 생각이 먼저 들고, 이런 소비가 몇 번 쌓이면 어느새 예산이 초과되고, 통장은 다시 텅장이 되어 버리는 상황이 벌어지게 됩니다. 이것이 신용카드보다는 체크카드와 현금을 사용하는 편이 더욱 바람직하다고 말씀드리는 이유입니다.

가계부 챌린지_만 원의 행복 (단위: 원)

12월 3주

-246,450

닉네임	주 예산	12/17(토)	12/18(일)	12/19(월)	12/20(화)	12/21(수)	12/22(목)	12/23(금)	지출합계	예산-지출
	150,000	0	38,950	0	0	357,500	0	0	396,450	-246,450

1월 5주

+51,549

닉네임	주 예산	1/28(토)	1/29(일)	1/30(월)	1/31(화)	2/1(수)	2/2(목)	2/3(금)	지출합계	예산-지출
	150,000	38,300	0	0	22,180	0	0	37,971	98,451	51,549

위 표는 30만 재테크 카페에서 50일간 진행한 가계부 챌린지입니다. 참가자분들께 주 예산을 기재하고 매일 지출한 금액을 구글 스프레드시트에 기재하도록 했습니다. 그 결과 가계부를 처음 작성했던 1주 차에는 약 25만 원의 적자였으나, 지속적인 노력으로 마지막 7주 차에는 약 5만 원 흑자로 챌린지를 마감한 사례를 소개합니다. 이처럼 단순히 주 예산에서 내가 오늘 지출한 금액을 비교하며 관리하는 방법도 효과가 있습니다.

가계부의 가장 큰 목적은 돈 관리를 통해 절약하기 위함입니다. 그러므로 복잡하게 변동비 항목을 구분하는 것보다 단순화하여 매주 예산을 기억하고, 얼마를 썼는지 남은 금액을 인지하면서 소비하는 것도 효과적입니다. 가계부는 어느 것을 사용하건, 어떤 방법으로 정리하건 상관없으니, 본인의 성향과 가장 잘 맞는 것을 선택하여 사용하면서 돈 관리에 집중하면 됩니다.

절약해서 아낀 돈에 대해서는 '원래 내 돈'이라는 생각을 가지고 있는 분들이 많은데, 이는 큰 착각입니다. 가계부를 쓰면서 지출 통제를 하지 않았다면 모두 새어 나가는 돈입니다. 50만 원을 아끼는 것과 50만 원의 부수입을 창출하는 것 중 어느 것이 더 쉽냐고 묻는다면 저는 '전자(前者)'라고 대답합니다. 물론 절약으로 500만 원을 아낄 수는 없습니다. 하지만 본인의 소비 패턴을 파악하여 아끼고자 한다면 월 100만 원까지는 가능할 것으로 봅니다.

부수입 창출은 고객과의 상호 작용을 통해 발생합니다. 스마트스토어를 예로 든다면, 여러 상품과의 경쟁을 뚫고 고객이 내 상품을 선택했을 때만 수익 창출이 가능합니다.

반면 절약으로 돈을 모으는 것은 내 의지만 있으면 일정 금액까지는 할 수 있습니다. 또한 적정 소비가 습관이 되면, 부업으로 돈을 벌더라도 소비의 근육이 단련되어 있기 때문에 과소비를 하지 않는다는 장점도 있습니다. 만약 이런 소비의 개념이 확립되지 않았는데 부업으로 많은 돈을 벌게 된다면 모두 소비하게 될 가능성이 큽니다. 100 벌어서 100을 소비하는 것보다는 50 벌어서 30을 소비하는 것이 초반에 버는 돈은 적겠지만 이후 부자가 될 확률이 훨씬 더 높습니다. 그러니 지금 내 월급이 많지 않더라도 부자가 될 씨앗을 뿌리고 잘 관리하는 마음가짐이 중요합니다.

1년 치 연간 비용은 따로 준비

연간 비용 산출 예시

(단위: 원)

연간 지출	소계	횟수	소계
자동차 보험	500,000	1	500,000
자동차세(연납 절감)	300,000	1	300,000
차량 수리(오일 교환 포함)	200,000	2	400,000
양가 부모님 생신	300,000	4	1,200,000
가족 생일(부부, 자녀)	100,000	3	300,000
명절 비용	300,000	2	600,000
가족여행(국내)	300,000	4	1,200,000
가족여행(해외)	2,000,000	1	2,000,000
재산세(자가인 경우)	250,000	2	500,000
경조사비	100,000	6	600,000
신용카드 연회비	20,000	5	100,000
비상금	3,000,000	1	3,000,000
합계(비상금 제외)			7,700,000
월평균(비상금 제외)			641,666
합계(비상금, 해외여행 제외)			5,700,000
월평균(비상금, 해외여행 제외)			475,000

연간 비용은 혼인, 차량, 자가 여부에 따라 다른데, 위 사례는 세 가지 모두 해당하는 것으로 작성했습니다. 사용처를 자세히 살펴보면 대부분 언제 돈이 지출되는지 알 수 있으니, 그 시기에 맞춰 비용을 미리 준비하면 됩니다.

위의 표는 예시로 작성한 것이지만, 비상금을 제외하고도 연간 770만 원, 월평균 64만 원입니다. 목표 금액을 모을 때까지 해외 여행을 가지 않겠다고 하여 이 비용을 제외하더라도 연간 570만 원, 월평균 47만 원으로 준비해야 할 금액이 만만치가 않습니다.

대부분 돈 모으기를 하는 분들이 월 고정비, 변동비 지출은 잘 통제하며 진행합니다. 그러다가 연간 비용 관리가 잘못되어 갑작스러운 과다 지출이 발생하고 이를 막다가 실패하는 경우가 많습니다.

따라서 '연간 비용을 어떻게 준비하고 관리하느냐'가 돈 모으기의 핵심이라고 해도 과언이 아닙니다. 반드시 본인의 상황에 맞게 나의 연간 비용을 파악하고, 그 비용을 언제 지출하는지까지 정리가 되어야만 확실하게 대비할 수 있습니다.

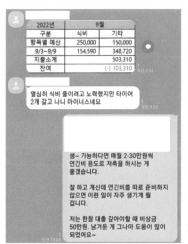
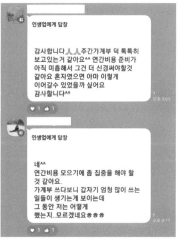

위 내용은 제가 '가계부 + 미국 주식' 강의를 하면서 수강생분들이 가계부 과제로 하신 것인데요. 다들 변동비까지는 통제를 했

으나 갑작스럽게 터지는 연간 비용을 준비하지 못해서 계획이 틀어졌다는 이야기가 많이 나왔습니다.

어떤 분은 저축을 조금 덜 하더라도 내년에 쓸 연간비를 위해 적금을 들고 12월 말에 찾아서, 별도의 통장에 넣어 둔다고 합니다. 이렇게 하면 연간 비용은 모두 준비가 되므로 갑작스러운 지출을 막을 수 있습니다. 결과적으로 매월 변동비만 통제하여 원하는 저축 목표액을 모으고 있다고 하셨는데, 이것도 좋은 아이디어이니 실행해 보시기 바랍니다.

04

부와 성공을 끌어당기는
부자 마인드

얼마 전 저는 사업으로 성공한 선배와 저녁 식사를 같이할 기회가 있었습니다. 선배와 간 곳은 고급 식당이었습니다. 그런데 그곳에서 다소 황당한 일이 벌어졌습니다.

자리에 앉아서 음식을 주문한 후, 오래만에 선배와 이러저러 이야기를 나누며 즐거운 시간을 보내고 있었습니다. 그렇게 담소를 나누다 보니 어느새 10여 분이 지나고 음식이 나왔을 때 선배가 이런 말을 했습니다.

"잠깐만! 메뉴판 보니까 인스타 이벤트에 사진 인증하고 해시태그 달면 에이드 한 잔 준다고 나와 있더라. 한 잔은 따로 주문하고, 한 잔은 이벤트 참여로 마시자."

그러더니 정말 사진을 찍어 인스타에 올리고 직원에게 보여

주면서 에이드 음료를 달라고 했고, 한 잔만 주문하는 게 아니겠어요?

"음, 공짜로 마시는 거라 그런지 더 맛있는데?"

선배에게 저는 그 이유를 물어보았습니다.

"선배도 인스타 인증하고 이벤트 참여하세요? 돈 많은 분은 안 할 거라고 생각했는데 저랑 같네요?"

그러자 선배는 이렇게 이야기했습니다.

"텔레비전에서 보는 것처럼 돈이 어느 정도 있는 사람들이 돈을 펑펑 쓰고 다닐 것 같지만, 대부분은 그렇지 않아. 나는 경제적 자유를 이루었으니까 먹고 싶은 건 가격에 신경 쓰지 않고 먹을 수 있어. 하지만 예전보다 생활이 윤택해졌다고 푼돈, 절약을 우습게 알면 금세 나태해지거든. 그동안 피땀으로 쌓아 올린 것들이 어느 한순간에 무너져 내릴지도 모른다는 불안한 생각이 들더라고. 비록 사업을 하고 있어서 고급 차를 타고 있지만, 나도 주유소 싼 곳 찾아서 기름 넣고 계산도 주유 할인되는 신용카드로 해. 아낄 수 있는 게 있으면 당연히 아껴야지."

이 이야기를 듣고 저는 중요한 것을 깨달았습니다.

'아, 부자도 이렇게 절약하는 마인드를 통해 절제를 잃어버리지 않고 자신의 부를 지키기 위해 노력하고 있구나.'

우리는 로또에 당첨되거나 토지 보상으로 일확천금을 얻고서 부자가 된 사람들의 불행한 말로를 심심치 않게 들을 수 있습니다.

긴장의 끈을 놓아 버려 흥청망청 돈을 쓰고 어느새 재산은 다 빠져 나가, 오히려 예전 생활보다 못하고 불행해진 이야기를 종종 매체에서 접하곤 합니다.

실제로 자수성가한 부자들의 경우 짠돌이가 많습니다. 고인이 되신 정주영 현대그룹 명예회장과 워런 버핏이 대표적인 예입니다. 구두 한 켤레로 10년을 버틴 정주영 회장의 근검절약 정신은 잘 알려진 사실입니다. 워런 버핏 또한 90조 원이 넘는 재산을 보유하고 있는 유명한 대부호입니다. 그럼에도 불구하고 60년 전 매입한 자택에서 생활하는 등, 매우 소박한 생활을 유지하고 있습니다.

겨우 몇천 원, 몇만 원 아꼈다고 부자들의 재산이 더 늘어날까요? 자산가들에게 비싼 밥 한 끼 값은 정말 대수롭지 않은 금액이지만, 절약을 통해 검소함을 잃지 않으려고 노력하는 것일 겁니다.

사람의 마음은 간사합니다. 돈이 많아지면 자연스럽게 쓰임새가 커지고, 쓰임새가 커지면 사치스러운 마음이 들고 푼돈을 우습게 보는 낭비벽도 싹트기 쉽습니다. 절약은 이처럼 부자가 되고 나면 나타나는 소비의 욕망을 억제해 주는 역할을 합니다. 절약의 중요성을 알아야 하는 것도 이 때문입니다.

저 역시 짠테크 강의를 하며 절약을 몸소 실천하고 있습니다. 잠깐 제 사례를 소개하면 아내, 아이와 함께 해외여행을 계획 중이었는데, 신용카드로 대한항공 마일리지 모으기에 혈안이었습니다. 가족들과 비즈니스석을 타고 유럽 여행을 가고 싶었기 때문이었는데요. 저 때문에 고생했던 가족들에게 주는 일종의 선물이라고 생각했습니다. 그러나 마일리지 비즈니스석은 몇 좌석 안 되기 때문에 거의 1년 전에 서둘러 예약하지 않으면 현실적으로 어렵습니다. 특히나 저희 같은 3인 이상의 가족은 더욱 그렇습니다.

당시 터키항공 비즈니스석이 특가로 200만 원이었습니다. 국적기와 비교하면 훨씬 저렴한 금액인 것은 맞습니다. 그래도 모든 여행비를 계산해 보니 천만 원이 훌쩍 넘었습니다.

하지만 쉽게 결정하지 못하고, 제가 왜 그렇게 하고 싶은지를 이야기하며 아내와 상의했습니다. 그리고 마침내 다음과 같은 결론을 내릴 수 있었습니다.

▶▶ 아이가 6세밖에 안 되었는데 유럽 장거리 여행은 무리이니, 가까운 일본이나 대만에 가자.
▶▶ 우리가 비즈니스석을 탈 만큼 여유가 있지는 않으니, 현실에 맞게 저가 항공을 타자.
▶▶ 숙소도 잠만 자는 용도이니 호텔이 아니라 게스트하우스의 2인실을 이용하자. (만 7세까지는 무료 숙박 가능)

일본으로 첫 가족여행을 가서 게스트하우스에 묵었는데, 방에 욕실이 따로 있지 않아 공용 세면대와 샤워장을 써야 했지만 큰 불편 없이 잘 지냈습니다. 그 후로도 열심히 절약하여 모은 돈으로 가족 여행을 가더라도 호텔에 묵지 않고 계속 게스트하우스에서 잤고, 비용을 아껴 여행 경비로 사용했습니다. 게스트하우스 숙박료는 보통 1박에 5~6만 원으로 저렴한 편이었습니다. 잠깐이긴 했지만 나태해졌던 저도 아내의 현실적인 조언에 다시 정신을 차리고 근검절약을 생활화할 수 있었습니다.

또 다른 사례는 저는 카페에 가지 않고 매일 그 돈으로 투자를 하고 있습니다. 그 이유는 제가 비록 부자는 아니지만, 그런 것을 통해 절약하는 마인드 세팅을 할 수 있기 때문입니다. 하루에 커피 한 잔 값 5천 원을 아낀다고 당장 부자가 될 수는 없습니다. 하지만 근검절약하는 습관을 지속함으로써 최소한 부자가 되는 기틀은 마련할 수 있습니다. 이 작은 실천이 부자로 다가서는 징검다리를 놓는 초석이 될 수 있을 것이라 확신합니다.

05

소중한 자산을
지키기 위한 경제 공부

여러분은 2012년 EBS에서 방영된 〈다큐 프라임〉 '자본주의' 편을 보신 적이 있나요?

방영한 지 벌써 10년이 훌쩍 지났지만 저는 마인드 확립을 위해 유튜브를 활용하여 주기적으로 이 프로그램을 시청하고 있습니다. 혹시 아직까지 보지 않은 분이 계신다면, 꼭 한번 시청해 보시기를 바랍니다.

'자본주의'는 총 5부작으로 구성되어 있는데요. 이 중 가장 기억에 남는 내용을 소개하겠습니다.

"우리의 은행 시스템은 아이들의 의자 앉기 놀이와 다를 바가 없다. 노래하고 춤추는 동안은 낙오자가 없기 때문이다. 하지만 음악이 멈추면 언제나 탈락자가 생긴다."

언제나 탈락자가 생긴다

출처: EBS 〈다큐 프라임〉 '자본주의' 中 '1부: 돈은 빚이다'

저는 이 장면을 보고 코로나 시기가 생각났습니다. 갑작스러운 코로나의 창궐로 전 세계는 비상이 걸렸고, 각국 정부는 제로 금리를 표방하며 양적 완화에 나섰습니다.

그 결과 돈은 주식과 부동산으로 몰렸습니다. 여기저기 빚을 얻어 주식과 코인, 부동산에 투자했습니다. 주식 열풍이 불었고 비트코인은 7만 달러에 근접했으며, 집값은 하늘 높은 줄 모르고 천정부지로 치솟아 연일 신고가를 경신했습니다. 하지만 2021년 말 미국의 테이퍼링(자산 매입 축소)에 이어, 2022년 초 러시아와 우크라이나 간의 전쟁으로 인해 전 세계에는 정치적·경제적 불안이 이어졌습니다.

당시 우리 사회는 유행에 뒤처질까 봐 불안해하는 포모 증후군(Fearing of Missing Out Sydrome)으로 몸살을 앓고 있었습니다. 집값은 계속 오르고 이러다가는 나만 벼락거지가 될 것 같아 영끌해서 아파트를 매수한 분들이 많았습니다. 그러나 2022년 하반기부터 기준 금리가 2%를 넘어섰고, 서울 아파트 매매가격이 하락 국면에 들어서기 시작했습니다.

자, 그럼 2022년 2월로 시간을 거슬러 올라가 아래 기사를 봤다고 가정해 보겠습니다.

<뉴욕마켓워치> 러·우크라 지정학적 위험 부각…주식↓채권↑달러혼조

入 정선영 기자 | ⊙ 입력 2022.02.14 07:50 | ⊙ 수정 2022.02.14 07:51

출처 : 연합인포맥스

기사 원문 https://news.einfomax.co.kr/news/articleView. html?idxno=4198447

기사 요약 수익률 곡선 평탄화는 장기물과 단기물 국채 금리 간의 스프레드(차이)가 좁혀질 때 나타나며, 이는 통상 경기 둔화 신호로 해석된다. 평탄화가 심화해 금리 스프레드가 역전될 경우, 시장은 이를 경기 침체의 전조로 해석한다.

이번에는 그로부터 2개월이 지난 2022년 4월에 아래 기사를 봤다고 가정해 보겠습니다.

출처 : 오마이뉴스

기사 원문 https://www.ohmynews.com/NWS_Web/View/at_pg.aspx?CNTN_CD=A0002824718

기사 요약 지난 1일(현지시간) 미국의 장단기 금리가 역전됐다. 단기 금리인 2년물 국채 금리(2.46%)가 장기 시장 금리의 대표 격인 10년물 국채 금리(2.39%)를 넘어선 것이다. '미래 예측 지표'로 사용되는 장단기 국채 금리가 역전된 건 미·중 갈등으로 국제 정세가 위태롭던 지난 2019년 8월 이후 약 2년 반 만이다. 그동안 장단기 금리의 역전은 '경기 침체의 신호탄' 역할을 해왔다. 이번 역전에 세계 투자자들의 관심이 집중됐던 이유다.

역사적으로 금리 역전 시점으로부터 1~2년 내 세계에는 크고 작은 위험이 닥쳤다. 그리고 악재는 금융 시장까지 덮쳐 경기 침체로 이어졌다. 이번에도 역사는 되풀이될까. 전문가들 사이에선 아직 의견이 분분하다. 조만간 있을 '경기 침체를 대비해야 한다'는 주장과 '이번엔 다르다'는 주장이 대립하고 있다.

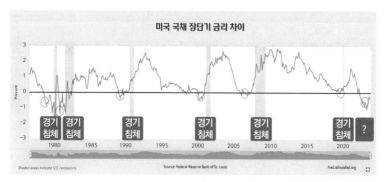

출처 : FRED – Federal Reserve Economic Data

이 그래프는 미국 국채 10년물과 2년물 금리 차이를 나타내고 있습니다. 1980년 이후 미국은 총 네 차례 경기 침체를 경험했는데 네 차례 모두 장단기 금리 역전 현상이 먼저 발생했습니다. 물론 과거에 그랬다고 해서 이번에도 장단기 금리 역전이 경기 침체의 신호탄이 될지는 전문가들 의견도 분분하여 우리 같은 일반인이 예측하기란 더욱 어렵습니다.

물론 이러한 기사를 읽고 경기 침체가 올지, 안 올지 당장은 알 수 없습니다. 하지만 이제부터는 적극적인 투자보다는 방망이를 짧게 잡고 상황을 주시해야겠다는 생각은 할 수 있지 않을까요?

당시 이런 상황을 인지하고 현금 보유량을 늘린 분들은 적당한 매수 타이밍을 기다리며 절호의 찬스를 노릴 수 있었을 겁니다. 반면 계속 집값이 상승한다는 생각으로 영끌하여 집을 매수하신 분들은 급격한 금리 상승으로 이자 내는 것조차 버거운 고통의 시간을 감내해야 했고 지금도 진행형인 분들이 적지 않을 것입니다.

　　어렵기만 한 경제 공부, 나와 아무런 상관없다고 생각했던 경제 공부를 왜 해야 하는지 이제 이해하셨나요? 그것은 바로 나와 소중한 내 가족, 그리고 피땀으로 일궈낸 우리의 자산을 지키기 위해서입니다. 이럴 때일수록 절약과 저축을 방패로, 추가 소득을 무기로, 더 나아가 경제 공부를 갑옷으로 삼고서 우리를 위협하고 있는 인플레이션, 금리, 경기 침체와 당당히 맞서야 합니다.

PART 3

" 확실하게
돈을 버는 방법 "

: 안정적으로 추가 소득 올리기

01
내 경험과 지식을
돈으로 바꾸는 방법

　저는 퇴근 후 다양한 부업을 했습니다. 이를 통해 얻은 것은 부수입과 노하우입니다. 다양한 분야의 노하우를 활용하여 지식 창업으로 연결했고, 이는 오늘날 제 부수입의 대부분을 차지하고 있습니다. 저는 지식 창업이야말로 직장인에게 가장 어울리는 부업이라고 여기는데, 예시를 통해 알아보겠습니다.

　A씨는 직장에 다니며 부업으로 스마트스토어를 운영하고 있습니다. 처음에는 도매 사이트에서 물건을 사서 팔았는데, 자신만의 차별화와 가격 경쟁력이 없다고 판단하여 해결책을 모색했습니다. 대출도 있는 터라 많은 돈을 투자할 수 없고 시장 트렌드를 알 수 없는 A씨는 고민 끝에 사업보다는 위탁 판매를, 그중에서도 농산물 위탁 판매를 하는 것이 좋겠다는 결론을 내렸습니다.

하지만 문제는 농산물 위탁을 받을 곳이 없다는 것이었습니다. 결국 직접 발품을 팔아 경매 시장도 다니고, SNS에 산지 직송으로 판매하는 농가를 찾아 방문하는 노력으로 어렵게 위탁 판매를 시작했습니다.

신규 진입자이기에 처음에는 힘들었지만, 자리가 잡힐 때까지 일정 마진을 포기하고 광고, 체험단, 할인 행사 등 다양한 방법을 시행했습니다. 그 결과 3개월이 지난 시점에 월 매출 1,000만 원에 순수익 250만 원을 달성할 수 있었습니다.

지금은 퇴근 후 2시간 정도 일하는데, 매출과 순익은 계속 늘어나는 선순환 구조가 만들어지고 있습니다. 또한 틈틈이 스마트스토어를 시작하고 좌충우돌하며 겪어 온 다양한 시행착오와 이를 극복한 노하우를 전자책으로 출간했습니다. 그리고 이를 기반으로 온라인 강의와 1대1 컨설팅을 런칭했습니다. 나아가 콘텐츠 홍보를 위해 SNS에 게재하기 시작하며 퍼스널 브랜딩을 위해 또 다른 도전을 하고 있습니다.

또 다른 예시입니다. 40대 직장인 B씨는 요즘 걱정이 많습니다. 점심시간에 만 원으로 먹을 수 있는 메뉴는 거의 찾아볼 수 없습니다. 정말이지 전반적으로 물가가 너무 올라 허리띠를 더 졸라매어 보지만, 이제는 자녀 교육비를 감당하기에도 버겁습니다.

게다가 불경기로 인해 회사는 작년 겨울에 대대적인 희망퇴직을 감행했습니다. 다행스럽게도 이번에는 자신을 비껴갔지만, 올해 인사팀에서 희망퇴직 대상이라는 연락을 받는다 해도 이상할 것이 없습니다.

이에 B씨는 이번 기회에 부업으로 스마트스토어를 해보기로 결심했습니다. 현재는 직장을 다니고 있어 당장 큰 매출을 이루기보다는 직장 생활과 부업을 병행하며 운영 노하우를 익히고 매출도 서서히 늘려가고 싶습니다.

하지만 문제는 스마트스토어에 대해 전혀 지식이 없어 혼자서 시작하기에는 엄두를 내지 못하는 것입니다. 그러던 중 SNS 검색으로 2명을 찾아냈습니다. 한 명은 바로 위에서 언급한 직장인이며 부업을 시작한 지 3개월 후 월 매출 1,000만 원, 순수익 250만 원을 달성한 A씨입니다. 다른 한 명은 스마트스토어 사업에 성공하고 직원 수십 명을 고용하여 월 매출 10억 원 이상인 사업가 C씨입니다.

만약 여러분이 스마트스토어를 시작한다면 누구에게 실질적인 도움을 받을 수 있을까요?

B씨는 'A씨'라고 판단했습니다. A씨가 아직 스마트스토어 사업으로 성공한 것은 아니지만 같은 직장인으로서 부업이라는 점, 그래서 스마트스토어를 시작하려는 자신이 궁금한 것, 걱정하는 것, 나아가 해결책 또한 직장인의 관점에서 도움을 받을 수 있다고 생각했기 때문입니다. 어쩌면 같은 고민으로 부업을 시작했고 이 길을 먼저 걸어가 성과를 이루었기에 초기 롤 모델이라고 할 수 있

을 것 같습니다.

　직장인 B씨는 A씨가 스마트스토어 온라인 강의를 런칭한다는 소식을 듣고 강의를 수강했고, 현재는 퇴근 후 스스로를 고용하여 상품 소싱과 상세 페이지 작성, C/S 등의 업무를 하며 바쁜 나날을 보내고 있습니다.

　직장을 다니며 부업으로 추가 소득을 창출하고 싶은데 방법을 몰라 해결책을 찾고 싶은 사람은 너무나 많습니다. 그렇다면 직장인들은 부업으로 얼마를 벌고 싶어 할까요? 이 책을 읽고 있는 여러분은 첫 시작에 얼마를 목표하고 있나요?

　제가 만나 본 분들은 매월 30~50만 원이라도 벌어 봤으면 좋겠다는 답변이 많았습니다. 만약 부수입으로 매월 50만 원의 추가 소득을 창출하고 있다면 투자 수익과 비교했을 때 1.8억 원을 연 4%의 정기예금에 넣은 세후 이자 수입과 같고, 9천만 원을 연 8%의 배당주에 투자한 세후 배당 수익과 같은 금액입니다. 투자 개념과 비교하니 50만 원의 가치가 적지 않음을 알 수 있습니다.

　우리는 살아가면서 누구나 한 분야의 노하우를 가지고 있습니다. 해당 분야로 돈을 벌고 있지 않아서 지식 창업을 발전시킬 수 없다고요?

　아닙니다. 심지어 실패한 경험도 돈이 될 수 있습니다.

　요식업을 하는 D씨는 식당과 카페를 몇 번이나 말아먹었지만 자신이 왜 실패했는지에 대해 분석하여 『식당, 카페 운영 이렇게 하면

망한다』라는 전자책을 출간했습니다. 만약 여러분이 식당, 카페를 운영하려는 예비 사장님이라면 어떻게 운영했길래 실패했는지 궁금하지 않으신가요? '저렇게만 안 하면 최소한 실패하지는 않겠다'며 몇만 원을 투자해서 구매하지 않을까요?

이 세상에는 다양한 문제에 봉착해 있는 사람들이 많습니다. 그중에는 이 문제를 스스로 해결하려고 하는 부류도 있지만, 비용을 들여서라도 빨리 해결하고 싶어 하는 부류도 존재합니다.

우리는 이러한 사람들에게 나의 경험과 지식을 제공함으로써 가치 있는 지식창업을 시작할 수 있습니다. 우리의 성공과 실패, 그 과정에서 얻은 노하우는 다른 이들에게 큰 도움이 될 수 있습니다. 그리고 이를 통해 다른 사람들의 문제 해결을 도우면서 자연스럽게 수익을 창출할 수 있습니다.

여러분은 어떤 분야에 노하우가 있나요? 잘 모르시겠다면 다음 보기 중에 해당하는 것이 있는지 곰곰이 생각하며 자신을 탐색해 보시기 바랍니다.

▶▶ 잘하는 것 (예시: 엑셀을 잘한다)

▶▶ 좋아하는 것 (예시: 캠핑을 좋아한다)

▶▶ 극복한 것 (예시: 다이어트로 몸무게를 80kg에서 50kg으로 줄이고 유지하고 있다)

▶▶ 남들이 나에게 잘한다고 하는 것 (예시: 지인들이 연인과 다투고 나에게 상담을 많이 한다.)

이 네 가지는 공통점이 있는데요. 바로 '경험'을 바탕으로 하고 있다는 것입니다. 한 가지라도 찾았다면 '이런 게 돈이 되겠어?'보다는 '이 경험을 돈으로 바꾸는 방법을 찾아보자'는 마음가짐으로 도전해 보는 것이 중요합니다.

02

확실한 나만의
콘텐츠가 없다면

"아무리 생각해도 나만의 콘텐츠가 없고, 또 내가 뭐라고 다른 사람을 가르쳐요?"

이쯤 되면 많은 분들이 이렇게 말씀하실 것 같습니다. 저 역시 그랬으니까요. 하지만 제 이야기를 들은 후에는 충분히 극복할 수 있다는 자신감이 생길 겁니다.

지식 계층의 구조도

지식 계층은 그 숙련도에 따라서 왕초보, 초보자(초수), 중급자

(중수), 전문가(고수) 네 가지로 분류할 수 있습니다. 각 계층의 구성비를 보자면 순서대로 55:25:15:5 정도가 됩니다. 앞에서 언급한 스마트스토어로 3개월에 월 순이익 250만 원을 달성한 직장인 A씨는 '중급자'로 볼 수 있습니다. 운영 노하우를 쌓고 매출과 순익이 지속적으로 증가한다면, 전문가의 영역으로 포지셔닝할 수 있지요.

반면 스마트스토어를 시작하려는 직장인 B씨는 '왕초보'에 해당합니다. 왕초보는 무엇인가를 배우고 싶거나 문제가 생겼을 때 사전 지식이 거의 없기 때문에, 일정 금액을 지불하고서라도 타인의 노하우를 전수받아 해결책을 찾고 싶어 합니다. 초보자는 왕초보 딱지를 뗀 수준으로, 초보만 되어도 왕초보를 가르칠 수는 있으나 중급자가 되기 위해 배움에 목마른 경우가 많습니다.

따라서 우리는 빠른 시간 내 중급자로 발돋움하여 상위 20% 안에 들어 왕초보와 초보의 80% 시장을 노려야 합니다. 하지만 콘텐츠도 없고 지식도 없는데 어떻게 중급자가 될 수 있을까요? 이제부터 그 해결 방안을 말씀드리겠습니다.

배우고 익혀 나만의 콘텐츠를 만들어라

아무리 고민해도 자신 있는 콘텐츠가 없다면, 한 분야를 단기

간에 집중해서 배우고 익혀 중급자가 될 수 있습니다. 3~4개월이면 중급자가 되기에 충분합니다. 3~4개월 배움에 투자해서 중급자가 될 수 있다면 한번 해볼 만한 도전 아닐까요?

이번에는 제 사례를 들어보겠습니다. 저는 어학 전공자입니다. 아무런 기술도 없고, 예술적인 능력도 없습니다. 어떻게 하면 이를 극복할 수 있을까 많이 고민해 봤지만, 마땅한 해결 방안을 찾을 수 없었습니다. 이런 고민으로 가득 차 있던 2023년 초, AI를 처음 접한 저는 신세계를 경험했습니다. AI로 그림도 그리고 글도 쓰는 세상이 열린 것입니다. AI를 통한다면 그간 엄두도 내지 못했던 것들을 할 수 있을 것 같았습니다.

마침 시기적절하게도 2023년 3월 챗GPT를 활용하여 POD 종이책(주문 후 인쇄하여 재고 부담이 없는 자가 출판 방식)을 출간하는 프로젝트에 참여한 것을 계기로 AI에 더 깊은 관심이 생겼습니다. 하지만 처음부터 AI로 돈을 벌겠다는 생각보다는 AI를 활용하여 다양한 기술을 익히며 나만의 포트폴리오를 구성하고 싶었습니다.

다음 프로젝트로 동화책을 선정했는데 어느 정도 수준이어야 판매 가능한지, 그 수준의 동화책을 만들 수 있을지 걱정이 되었습니다.

아마존에서 그 해답을 찾아보고자 AI로 동화책을 만들어 판매하는 분의 콘텐츠를 찾았고, 그것을 벤치마킹하여 만들어 갔습니다. 이런저런 시행착오를 거치며 첫 AI 동화책을 완성하고 드디어 아마존에 전자책을 등록했습니다. 배움의 발자취를 블로그에 포스팅하기도 했는데, 어느 날부터 '어떻게 하는 거냐, 배우고 싶다'는 댓글이 달리기 시작했습니다.

돈을 목적으로 시작하지는 않지만 '내가 익힌 AI 동화책 노하우를 돈으로 바꿀 수 있겠다'는 생각이 들었습니다. 이제야 초보 수준을 막 벗어난 저는 좋은 기회가 생겨 2023년 5월, 처음으로 AI 동화책 3주 과정을 오픈하고 온라인 강의를 시작했습니다. 생각보다 많은 분들이 신청해 주셨고, 그 덕분에 첫 강의로 135만 원의 부수입을 올렸습니다.

첫 동화책에 아쉬움이 남아 두 번째는 더 잘할 수 있을 것 같았고, 이번에는 78페이지로 만들어 종이책까지 등록했습니다. 참고로 아마존은 73페이지 이상이어야 종이책으로 등록할 수 있고, 그이하라면 전자책 등록만 가능합니다.

아마존에 종이책을 등록한 후에는 '아마존 말고 한국에도 종이책을 등록하면 어떨까?'라는 생각이 들었습니다. 그때 몇 개월 전 POD 종이책 출간 경험을 활용하여 한국에서도 POD 형태로 종이책을 출간했습니다. 또한 동화책 출간 후, ISBN이 있으면 작가로 네이버 인물 등록이 가능하다는 것을 알았습니다.

첫 강의 후 5개월이 지난 2023년 10월, 기존 3주 과정의 강의를 아마존과 국내에 전자책과 POD 종이책을 출간하고 네이버 인물 등록까지 다루는 4주 패키지로 업그레이드했습니다. 당시 제 판단이 맞았는지 여러 곳에서 강의 요청이 왔고, 이를 계기로 교육청 산하 공공기관에서 '자녀와 함께 하는 AI 동화책 만들기' 강의를 진행하기도 했습니다. 현재는 책 집필 때문에 중단했으나 AI 동화책 강의는 11기까지 진행했고 누적 수강생은 300명이 넘었습니다. 심지어 환갑이 훌쩍 지난 분들도 AI 동화책을 출간하고 AI의 세계에 빠져 더욱 열심히 공부하고 있습니다.

이것이 새로운 분야를 개척하여 만든 저의 첫 지식 창업 콘텐츠이며, 정리 해고 직전에서 다시 월급 노예로 겨우 목숨을 연명한 후에 지식 창업 반년 만에 부수입 월 1,000만 원을 넘게 해준 핵심 원동력입니다.

AI 동화책을 선택한 이유를 『타이탄의 도구들』에 나오는 문장으로 설명하면 다음과 같습니다.

누구나 일정한 노력을 기울이면 상위 25퍼센트까지는 올라갈 수 있는 분야가 두 개 정도는 있다. 스콧은 이렇게 말했다. "나는 만화가인 탓에 대부분의 사람들보다 그림을 잘 그린다. 하지만 나는 피카소나 고흐는 아니다. 또 나는 코미디언들보다 웃기지는 않지만 대부분의 사람들보다는 유머 감각이 뛰어난 편이다. 여기서 중요한 건 그림도 제법 그리면서 우스갯소리도 곧잘 하는 사람은 드물다는 것이다. 이 두 가지가 조합된 덕분에 내 만화 작업은 평범하지 않은, 진기한 일이 될 수 있었다."

저는 천재가 아니기에 한 분야에서보다는 두 분야 이상에서 성과를 내고 차별화하기로 했습니다. 그 결과 챗GPT도 제법 잘 다루면서 AI 그림도 곧잘 만드는 사람이 되었고, 이 조합 덕분에 최상위 AI 동화책 작가로 자리매김할 수 있었습니다. 평범한 40대 직장인인 저도 해냈으니, 조금만 배움에 열정적으로 투자한다면 누구나 충분히 가능할 것입니다.

03

왜 지식 창업을
해야 하는가

제가 지식 창업이 직장인에게 가장 어울리는 부업이라고 하
는 이유는 다음과 같습니다.

무자본이며 리스크가 적다

'갑작스럽게 퇴사를 하고 먹고살기 위해 창업을 한다면, 나는
어떤 것을 할 수 있을까?'

여러분은 이런 질문을 자신에게 해보셨나요?

저는 스스로에게 이 질문을 자주 던집니다. 이런 질문을 하게

된 것은 앞에서 이야기했던, 회사가 정리되는 코로나 시기였습니다. 당시만 하더라도 저는 이직이 가능할 거라고 생각했어요. 하지만 서류 전형에서 번번이 떨어졌는데, 대부분의 이유는 '연령' 때문이었습니다. '세월 앞에 장사 없다'는 말이 충분히 공감되었습니다.

저를 포함해서 대부분의 직장인은 회사 생활이 전부여서, 특히나 사업에는 경험도 없고 자신도 없습니다. 그러다 보니 그나마 가장 먼저 떠오르는 것은 본사의 가이드를 받을 수 있는 커피, 치킨, 편의점 등 프랜차이즈 가맹점이 대부분입니다.

그렇다면 프랜차이즈 가맹점 창업을 한다면 초기 투자금이 얼마나 필요할까요? 물론 프랜차이즈 종류, 입지와 면적에 따른 임대료, 가맹비, 인테리어 등에 따라 다르겠지만 적게는 5~6천만 원에서, 많게는 1억 원 중반 이상까지 적지 않은 돈이 들어갑니다. 프랜차이즈 사업을 시작하더라도 자금 상황이 여유롭지 않아 퇴직금이나 대출로 충당하는 것이 현실입니다. 그러니 실패라도 한다면 경제적인 타격이 클 수밖에 없습니다.

반면 지식 창업은 나의 경험과 노하우를 기반으로 하는 무형의 상품입니다. 즉, 나의 지식을 필요로 하는 사람들에게 알려주고 그 대가로 일정 금액을 받는 것입니다. 따라서 원가가 거의 들지 않습니다. 이를 다르게 해석한다면 내 지식 창업이 실패한다고 하더라도 내가 공들인 시간은 있을지언정, 들어간 투자비는 없습니다. 그렇기에 우리는 얼마든지 다른 지식 창업을 시작할 수 있습니다.

저는 이것이 지식 창업의 가장 큰 장점이라고 생각합니다. 하지만 프랜차이즈 창업에서 '실패'란 내 투자비도 함께 날아간다는 뜻입니다. 이런 실패를 몇 번 거듭하다 보면 더 이상 끌어올 자금도 없고, 자존감도 낮아지게 됩니다.

마진이 높은 사업 구조이다

직장인 K씨는 직장은 시간의 문제일 뿐 언젠가는 나와야 하니, 일찌감치 자신의 길을 찾아가기 결심했습니다. 결국 회사를 그만두고 6,000만 원을 투자하여 가성비 있는 저가 커피 프랜차이즈 가맹점 창업을 시작했습니다. K씨는 직장을 다닐 때 급여로 세후 400만 원을 받았는데요. 창업한 이후 얼마를 벌고 있을까요? 다만 매장마다 상황이 다르니 평균적인 금액으로 봐주시길 바랍니다.

아메리카노 외 다른 커피와 음료도 있으므로 1잔의 평균 가격은 2,800원으로 하고 하루에 300잔을 판다고 가정하면, 일 매출은 84만 원, 월 매출은 2,520만 원입니다. 원가는 약 38%인 958만 원, 임대료 300만 원, 인건비 504만 원(직접 운영 기준), 세금 126만 원, 공과금 90만 원, 기타 잡비 70만 원으로 계산한다면 총지출은 2,048만 원입니다.

운영 구조에 따른 순익률 비교

(단위: 만 원)

운영 구조	직접 운영 (사장이 운영하는 매장)		풀오토 운영 (직원이 운영하는 매장)	
매출	매출	2,520	매출	2,520
지출	원가(매출×38%)	958	원가(매출×38%)	958
	인건비(매출×20%)	504	인건비(매출×30%)	756
	임대료(VAT 포함)	300	인건비(매출×30%)	300
	세금(매출×5%)	126	인건비(매출×30%)	126
	전기/수도/인터넷 등	90	인건비(매출×30%)	90
	기타 잡비	70	인건비(매출×30%)	70
순익	총비용	2,048	총비용	2,300
	매출-지출	472	매출-지출	220
	순익률	18.7%	순익률	8.7%

매출에서 지출을 뺀 K씨의 순익은 472만 원입니다. 하지만 부가세와 6,000만 원을 투자한 기회비용, 만약 대출이 있다면 이자 비용까지 감안해야 하니 수익률은 더 떨어지게 됩니다.

만약 저가 커피 프랜차이즈 창업을 하되, 직장은 그만두지 않고 인건비가 더 들더라도 직원을 고용하여 오토로 운영한다면 어떨 까요? 하지만 투자만 하고 관리를 하지 않으면 매장이 원활하게 운 영되지 않을 수 있으니, 평일에는 퇴근 후 최소 1시간은 매장에 나 와 관리하고, 주말에는 알바를 줄이고 본인이 직접 일하는 겁니다. 그럼 기존의 급여 400만 원과 사업으로 얻은 220만 원, 그리고 주말 알바 1명의 인건비가 빠지므로 K씨의 총수입은 대략 660만 원이 됩니다.

어떤 선택을 하든지 정답은 없습니다. 하지만 코로나 시기에 플랜 B가 얼마나 중요한지 몸소 체험한 저는 피치 못할 사정이 아니라면 회사를 그만두고 창업에 올인하기보다는, 후자를 선택하고 직장 생활과 병행하며 당분간 상황을 지켜볼 것 같습니다.

저가 커피 시장은 무섭게 성장하고 있고, 박리다매형 사업 구조라 임대료가 높더라도 유동 인구가 많은 상권으로 입지 조건이 어느 정도 정해져 있습니다. 따라서 당장은 수익률이 높다고 하더라도 내 매장 바로 옆에 다른 프랜차이즈의 매장이 들어선다면 수익은 그만큼 줄어들 수밖에 없고, 경쟁이 심화되면 고정비를 감당하지 못하고 적자로 돌아서는 것도 순식간입니다.

이번에는 다른 예시를 들어보겠습니다. 직장인 L씨는 회사에서 디자이너로 일하고 있고, K씨와 같이 세후 급여가 400만 원입니다. 디자인을 전공하여 포토샵과 일러스트를 잘 다루는 L씨는 급여만으로는 삶이 나아지지 않아 퇴근 후 부업을 하기로 결심했는데요. 어떤 것을 할지 고민하다가 자신의 장점을 살려 일러스트를 활용한 로고 디자인으로 정했습니다. 최근 N잡이 트렌드이니 사업을 시작하며 브랜딩을 위한 로고 수요가 많을 것이라는 예측도 큰 부분을 차지했습니다.

첫 달에는 고객 의뢰가 없어 매출이 거의 발생하지 않았지만, 미래를 위한 투자라 여기고 초보 창업자가 많이 있는 인터넷 카페에서 무료 이벤트를 통해 로고와 명함을 만들어 주는 대신 정성 가득한 후기를 받았습니다. L씨는 작업 결과물과 평점 높은 후기를 블로그와 인스타에 올리며 포트폴리오를 만들어 나갔습니다.

2개월째가 되자 L씨의 블로그와 인스타를 본 고객으로부터 로고 의뢰가 들어오기 시작했습니다. 퇴근 후 로고 시안 3개 만들어 보내고 오픈 카톡으로 피드백을 받으며 진행했습니다. 처음에는 로고 1건당 15만 원을 받다가, 차츰 의뢰가 많아지자 20만 원을 받았습니다.

L씨는 일주일에 3~4건의 로고 주문을 받아 한 달에 약 300만 원의 부수입을 올렸는데요. 주변에서 로고 제작을 배우고 싶다는 요청이 있어 '퇴근 후 로고 제작으로 월 100만 원 벌기'라는 4주 과정의 주말 온라인 강의를 시작했습니다. 수강료는 1회 온라인 컨설팅 비용 포함 30만 원으로 책정했는데, 매월 평균 10명이 신청하여 300만 원의 지식 창업 수입도 얻고 있습니다. 그 결과 L씨는 직장 급여 400만 원, 로고 판매 300만 원, 강의 수입 300만 원으로 급여와 부수입을 합쳐 월수입 1,000만 원을 달성했습니다.

그렇다면 투자금은 얼마일까요? L씨는 별도의 투자금 없이 오롯이 자신의 지식과 노하우를 기반으로 수익을 창출하고 있습니다. 이처럼 지식 창업은 투자금이 전혀 들어가지 않는 무자본 창업이면서 마진이 높아 저처럼 모아놓은 돈이 없는 분들이 시작하기 좋습니다.

시간과 장소에 구애받지 않는다

직장인은 본업이 있기 때문에 부업을 위해 많은 시간을 투자하기 어렵습니다. 하지만 지식 창업은 시간과 장소에 제약이 없습니다. 퇴근 후 언제든지(때로는 점심시간에도), 인터넷만 연결되어 있다면 어디서든 노트북으로 업무를 할 수 있습니다. 카페, 기차, 심지어는 여행지에서도 가능합니다.

앞에서 예로 든 직장인 L씨는 항상 노트북을 가지고 출근합니다. 급한 로고 의뢰가 들어오면 퇴근 후 곧바로 카톡으로 상담하고, 근처 카페에서 즉시 시안을 만들어 고객에게 보내야 하기 때문입니다. 또한 업무상 출장이 잦아 가끔 주말에도 출장을 가곤 합니다. 주말에 온라인 강의를 해야 하는 L씨가 호텔을 고를 때 우선순위는 인터넷과 와이파이입니다. 이것만 되면 호텔에서도 충분히 온라인 강의를 할 수 있습니다.

당장은 퇴근 후 피곤한 몸으로 로고를 만들고 주말 출장까지 가서 호텔에서 쉬지도 못하고 온라인 강의를 해야 하는 상황입니다. 초기에는 '디지털 노가다'의 삶이 되겠지만, 자리가 잡히면 진정한 '디지털 노마드'로 살 수 있겠다는 희망과 확신으로 L씨는 오늘도 퇴근 후 자신을 고용하여 즐거운 마음으로 지식 창업에 전념하고 있습니다.

L씨의 부수입은 600만 원으로, 급여의 1.5배에 달하는데요. 평일에는 로고 제작으로 평균 2시간, 주말에는 강의 준비와 진행으로 평균 2시간을 부업에 할애하고 있습니다. 이를 시급으로 계산해 볼까요?

평일과 주말에 부업을 위해 투자한 총시간이 7일 × 2시간 = 14시간, 한 달 부수입이 600만 원이니, 14시간으로 나누면 L씨의 시급은 42만 8,571원입니다.

제 직장 시급과 비교해 보니 무려 10배가 넘네요. 여러분도 본인의 시급을 계산하여 비교해 보시기 바랍니다. 정신이 번쩍 들게 됩니다!

이제부터는 직장인과 프리랜서, 육아맘, 경단녀(경력 단절 여성의 줄임말) 분들이 무자본으로 할 수 있는 부업 및 지식 창업을 알아보겠습니다. 모두 제가 직접 했던 것들이거나 하려고 준비했지만 시간 관계상 실행하지 못했던 콘텐츠입니다.

04

클릭 한 번으로 시작하는
글로벌 비즈니스, 해외구매대행

해외구매대행은 제가 처음으로 시도했던 부업으로 소싱 지역은 크게 미국, 유럽, 중국으로 분류할 수 있습니다. 미국과 유럽은 잘 알려진 상품이나 브랜드 위주이고, 중국은 그 반대입니다.

저는 중국 구매대행을 선택했습니다. 그 이유는 브랜드가 없다는 것은 소싱만 잘하면 마진율이 높다는 뜻이기도 하고, 지역적으로 가깝고 중국 제품의 품질이 과거 대비 우수해 가성비가 좋았기 때문이었습니다.

타오바오에서 상품을 소싱하여 네이버 스마트스토어, 지마켓, 11번가 등 한국 온라인 마켓에 올려서 판매했습니다. 패션 상품을 파는 셀러는 너무나도 많기 때문에 저 같은 신규 진입자는 경쟁력이 없다고 판단해서 비교적 경쟁이 심하지 않은 아이템을 찾기 위해서 노력했습니다. 또한 파워 셀러 몇 곳을 벤치마킹해서 소싱 아이디어를 얻었습니다.

해외구매대행도 온라인에서 주문을 받으니 상세 페이지가 필요합니다. 해외구매대행의 상세 페이지 만들기는 크게 두 가지로 구분할 수 있어요.

첫째는 주력 상품 몇 개만 선정하고 상세 페이지를 정성껏 만들어 판매에 집중하는 방법입니다. 직접 제품 사진을 찍고 상품 설명도 한글로 상세히 쓰고, 고객 평점과 후기도 넣는 것이니 그만큼 제작 시간이 오래 걸립니다.

저는 초보 셀러여서 상품 트렌드를 보는 안목이 없었고, 당연히 주력 상품을 선정할 수도 없었습니다. 결국 많은 양의 상품을 올릴 수밖에 없었는데, 그 대신 1개 상품군을 선정하면 해당 상품 전체를 올리는 방식으로 접근했습니다.

그러다 보니 상세 페이지 만들기에 많은 시간을 할애할 수 없었습니다. 그래서 반자동 프로그램을 사용하여 타오바오의 상세 페이지를 복사해서 네이버 스마트스토어에 붙여 넣고, 핵심 문구나 단어만 한국어로 번역해서 만들었어요. 이것이 상세 페이지를 만드는 두 번째 방법입니다.

매월 몇만 원을 지불하면 스마트스토어에 올린 상품을 지마켓, 11번가 등 온라인 마켓에 올려주는 프로그램이 있습니다. 저는 이런 방식으로 총 9개 마켓에 입점하고 상품을 올렸습니다.

미국, 유럽은 잘 알려진 상품이나 브랜드 위주이고, 중국은 그 반대라고 했죠?

만약 여러분이 캠핑을 시작해서 주말 캠핑 갈 때 사용할 조명이 필요하다면 어떻게 검색을 할까요? 브랜드를 직접 검색할 수도 있지만 주로 키워드를 넣고 검색합니다. 예를 들면, '차박 조명, 캠핑 랜턴, 감성 LED 조명' 이런 식으로 말이죠. 그래서 중국 구매대행은 키워드 위주로 상품명을 만드는 게 좋습니다. '캠핑'은 아웃도어이고, '조명'은 낚시를 하는 분들도 검색할 수 있습니다. 너무 길게 만들면 오히려 좋지 않으니, 25자 이내로 하는 것을 추천합니다.

'LED 조명 랜턴 아웃도어 캠핑 차박 낚시 감성 낭만 무드등' 이런 식으로 소비자가 검색할 만한 키워드를 넣습니다. 어떤 소비자가 '낚시 랜턴'으로 검색을 했다면 내 상품이 보입니다.

게다가 9개 마켓에 내 상품이 올라가 있으니 키워드가 잘 매칭된다면 내 상품만 노출될 수도 있어요. 그래서 초보 셀러일수록 대형 키워드로 접근하는 것보다 소형 키워드로 접근하는 것이 훨씬 유리합니다.

보통 상품 업로드를 500개 정도 하면 첫 주문이 들어온다고 하는데, 저는 300개를 올린 시점에서 첫 주문을 받았습니다. 상품 업로드를 한 지 일주일째 되는 날로, 정말 기분이 좋았습니다. 첫 주문으로 받은 것은 바로 전선 피복기였어요. 폐전선에서 구리만 쉽게 빼내기 위한 기계입니다.

기쁜 마음으로 타오바오에 주문을 넣고 상품을 배송대행지로 보낸 후 고객분께 배송을 해드렸습니다. 며칠 뒤 고객분께 연락이 왔습니다.

물건을 받아 보니 피복기의 손잡이가 플라스틱인데, 그게 기계에 눌려서 깨져서 왔다는 겁니다. 그 이야기를 듣고 순간 이런 생각이 들었습니다.

'그래, 내가 무슨 해외구매대행 부업이냐. 직장이 없는 것도 아니고 월급도 따박따박 나오는데, 그냥 직장 생활이나 잘하자!'

처음 시작할 때부터 '과연 내가 잘할 수 있을까?' 하는 의구심이 계속 있었습니다. 그러던 차에 첫 주문부터 문제가 생기니 자신감이 급속도로 떨어져서 결국 고객분께 연락해서 이렇게 말씀드렸습니다.

"고객님, 죄송합니다. 제가 총금액을 배상해 드리겠습니다. 그리고 다른 곳에서 구매하는 것으로 마무리 지었으면 합니다."

하지만 전화를 끊고 난 후, 자신이 한심하게 느껴졌습니다.

'나 말고 얼마나 많은 사람들이 해외구매대행 시장에서 셀러로 활동하고 있고, 하다 보면 당연히 이런 문제가 발생할 텐데 이게 두렵다고 여기서 포기하면 나는 무엇을 할 수 있을까?'

결국 다시 한번 해보기로 마음을 고쳐먹고, 5분 후 고객분께 연락을 드렸습니다.

해외구매대행 첫 주문으로 받은 전선 피복기와 부서진 손잡이

"고객님, 어차피 그 기계는 필요한 거라 다시 주문하실 거죠?"

"손잡이가 부러져서 못 쓰니 얼른 구매해야죠."

"제가 제대로 조치할 테니, 며칠만 시간을 주시겠어요?"

"네, 다른 곳 찾는 것도 번거로운데 그렇게 해주시면 좋지요."

"그럼 죄송하지만, 깨진 손잡이를 사진으로 찍어서 보내 주실 수 있나요?"

"네, 바로 보내 드릴게요."

고객에게 받은 사진을 판매자에게 보냈더니 손잡이를 다시 보내주겠다더군요. 급한 건이니 배송대행지에서 항공운송으로 고객에게 배송해 드려 문제없이 잘 마무리했고, '하니까 되네?'라는 자신감을 얻을 수 있었습니다.

만약 그때 포기했더라면 현재의 저도 없었을 겁니다. 지금도 새로운 것에 도전할 때마다 두려움이 있지만, 이 일화를 되새기며 용기 내어 실천하고 있습니다.

그렇게 첫 주문의 임무를 완수한 이후 지속적으로 주문이 들어왔고, 첫 달 매출로 186만 원, 순익으로는 50만 원을 벌었습니다. 50만 원이 비록 큰 금액은 아니지만, 저에게는 너무나도 큰 경험이었습니다.

제가 처음부터 큰 금액을 목표로 한 것이 아니듯, 여러분도 일단 50만 원이라도 벌어 보자는 마음이라면 꼭 도전해 보시길 바랍니다. 50만 원을 벌어 본 사람이 500만 원도 벌 수 있습니다.

05

고객의 성공이
나의 수익이 되는 로고·명함 디자인

코로나 이후 N잡이 우리 사회의 큰 트렌드로 자리 잡으면서 직장인, 육아맘 등 많은 사람들이 부업 열풍에 동참했습니다. 우리가 누군가를 처음 만나면 인사와 함께 건네는 것이 있습니다. 바로 명함이죠.

새로운 일을 시작하면 명함이 필요한 사람도 많아질 것이라는 생각이 들었습니다. 마침 온라인으로 진행하는 굿즈 디자인 강의가 있어 수강 신청을 했습니다. 저는 일러스트, 포토샵 등은 전혀 접해 본 적이 없었지만, 기술을 익혀 새로운 파이프라인을 만들고 싶었습니다.

굿즈 디자인은 스티커, 명함 등 각종 인쇄물이라 할 수 있는데, 기본적으로 어도비(Adobe) 사의 프로그램인 일러스트 기반입니다. 즉, 일러스트를 어느 정도 할 줄 알아야 디자인이 가능합니다. 당시를 돌이켜 보면 저는 아무것도 모르고 마음만 앞섰던 것 같습니다. 빨리 배워서 수익을 내고 싶은 욕심만 있었거든요.

하지만 일러스트를 처음 접하니 너무 어렵더군요. 특히 펜 툴을 전혀 다루지 못하니 너무 답답했습니다. 다른 수강생들은 이미 일러스트를 할 줄 아는 분들이 꽤 있었습니다. 그러다 보니 왕초보인 제가 따라가기에는 강의가 너무 버거웠습니다.

샘플을 하나 가져왔는데요. 아래 그림은 일러스트 펜 툴로 처음 그린 것인데, 왼쪽이 원본이고 오른쪽이 그것을 보고 제가 따라 그린 겁니다. 이거 그리는 데도 2시간이 더 걸렸던 것 같습니다. 하지만 이마저도 생각처럼 되지 않자 저는 곧 포기 상태에 이르게 되었습니다.

처음 일러스트 펜 툴로 그렸던 캐릭터

(왼쪽: 원본 유령, 오른쪽: 따라 그린 유령)

강의가 끝나갈 무렵, 다른 수강생분들은 이미 명함, 스티커 주문을 받아 부수입을 올리고 있다는 이야기를 듣게 되었습니다. 그러자 저 혼자만 뒤처지는 것 같아 마음이 조급했습니다. 하지만 냉정하게 판단했을 때 저는 그때까지 그 정도의 실력을 갖추지는 못했었어요.

'비록 느리더라도 나만의 걸음으로 나아가자. 지금 나에게 가장 필요한 건 일러스트 기초다!'

그리하여 포기하기보다는 처음부터 제대로 배워 보자는 마음으로 일러스트 익히기에 많은 시간을 쏟아부었습니다. 3주가 지나자 왕초보를 겨우 벗어난 수준이지만 펜 툴을 다룰 수 있었고, 명함 디자인을 시작할 수 있었습니다.

나아가 명함을 주문하는 분들에게 로고까지 함께 판매할 수 있다면 더 좋겠다는 아이디어가 떠올랐습니다. 이제 겨우 일러스트 기초를 떼었는데 어떻게 로고를 디자인할 수 있을까 걱정이 되었지만, 어차피 로고도 일러스트 기반이니 한번 부딪혀 보자고 결심했습니다.

이때부터 여러 가지 예쁜 로고 디자인을 보면서 하나씩 그려 보기 시작했습니다. 로고 하나를 그리는 데 시간은 오래 걸렸으나, 펜 툴을 익혀 놓으니 처음처럼 어렵게만 느껴지지는 않았습니다. 로고 그리기를 4주 정도 하고, 가상의 브랜드로 로고를 만들어 보기도 했습니다.

한자 '이제 금(今)'을 형상화하여 '오늘, 맛있는 추억'이라는 콘셉트로 '한정식 오늘(今日)'의 로고를, 알파벳의 조합으로 프리미엄 헤어샵 'VOLUME MAGIC'의 로고를 제작했습니다.

이 밖에도 차별화를 위해 감성 로고를 콘셉트로 다양한 로고를 만들었습니다. 사진 하단의 왼쪽은 한자 '쉴 휴(休)'를 형상화하여 만든 로고이고, 오른쪽은 낮에는 새, 밤에는 별, 달을 보며 만드는 '우리들의 아름다운 이야기, 디저트 카페 미담(美談)'의 로고입니다.

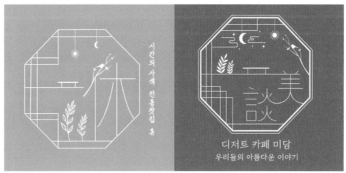

　나아가 로고까지는 필요 없고 예쁜 명함만 원하는 분들의 니즈에 맞추기 위해 다양한 시장 조사와 벤치마킹을 통해 로고를 대체할 수 있는 패션 명함도 디자인했습니다.

　이제부터는 명함과 로고 디자인으로 부업을 하고 싶은 분께 팁과 제작 프로세스를 말씀드리겠습니다. 펜 툴로 사각형도 그리지 못했던 저도 했으니, 비전공자라는 걱정은 접어두시기를 바랍니다.

　일러스트를 다룰 줄 아는 것과 명함 디자인을 하는 것은 다릅니다. 말 그대로 '디자인'이 필요하기 때문이지요. 예쁜 로고를 따라 그리면서 감을 익혔듯이 멋진 명함을 찾아 똑같이 따라 해봅니다. 그런데 그런 명함은 어디서 찾을 수 있을까요? 그래서 디자인 영감을 얻을 수 있는 유용한 사이트를 준비했습니다.

핀터레스트 (Pinterest)

핀터레스트는 디자이너들이 많이 사용하는 공간으로, 구글에서 Pinterest(핀터레스트)를 검색한 후, 지메일 계정으로 회원 가입을 하면 됩니다. 영문으로 'Business card' 또는 'Business card design'이라고 검색하면 관련 디자인이 나옵니다.

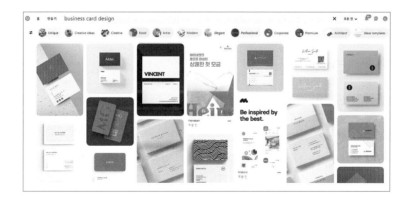

위에서 왼쪽 명함이 심플하면서 고급스러워 보이네요. 이 명함을 확대해 보겠습니다.

확대해 보니 가운데 나뭇잎이 들어가 있습니다. 자, 그럼 이 명함을 그대로 따라 그려 볼까요? 색상과 폰트까지 최대한 똑같이요.

똑같이 그렸다면 이번에는 가로를 세로로 바꾸어서 해보세요. 아마 또 다른 느낌일 거예요.

이번에는 나뭇잎을 다른 디자인으로 바꾸어 봅니다. 나뭇잎 대신 꽃 한 송이를 넣어 보는 것도 좋겠습니다. 그리고 이제 폰트도 변경해 보세요. 색상도 바꾸어 봅니다.

이런 식으로 하나의 샘플로 다양한 연습을 해보는 거예요. 적어도 20개 이상은 해봐야 감이 생깁니다. 50개 이상 하면 더 좋고요. 이처럼 응용한 결과물을 모아 포트폴리오를 만든 후, 이들을 조합하고 편집하여 나만의 디자인을 탄생시킵니다. 하지만 타인의 디자인을 그대로 가져다 쓰면 안 되니, 반드시 나만의 해석으로 재탄생시키는 것이 포인트입니다.

같은 방식으로 인스타그램을 검색해 보는 것도 좋습니다. 핀터레스트가 글로벌 디자인 공간이라면, 인스타그램은 국내 디자인 트렌드가 반영된 공간이라 볼 수 있습니다. 따라서 자신의 디자인을 홍보하며 판매하고 있는 디자이너의 피드를 참고하여 연습하시길 바랍니다.

『에디톨로지』의 저자 김정운 교수님은 이런 말씀을 하셨어요.

"창조는 편집이다."

그러니 저와 같은 비전공자는 훌륭한 디자인을 연구하여 나만의 디자인으로 재창조하는 것을 반복하며 영감을 끌어올려야 합니다.

목업(Mock-up)으로 디자인을 돋보이게

"구슬이 서 말이라도 꿰어야 보배."라는 속담이 있죠? 명함 디자인을 완료했다면 실제 인쇄물처럼 보이게 해야 합니다. 비용과 시간 문제로 실제 인쇄물을 찍을 수는 없으니, Mock-up(목업) 사이트를 활용해서 최대한 실제처럼 꾸며 줍니다.

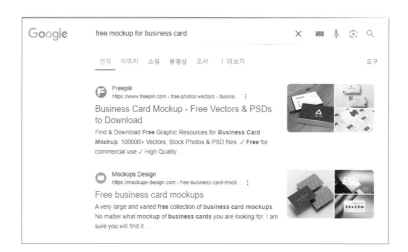

구글에서 "free mockup for business card"라고 검색하면 여러 사이트가 나오는데, 요즘에는 무료를 가장한 유료 사이트도 많으니 잘 찾아봐야 합니다. 저는 무료 목업 사이트 중에서 'Freepik'을 추천합니다.

노란색 왕관이 있는 것은 유료이고 없는 것은 무료 목업이니, PSD 파일(포토샵 파일) 형태로 다운로드 받아 사용하면 됩니다.

포토샵 사용이 어려운 분이라면 "Free Business Card Mockup Generator - Canva"를 활용하여 목업을 제작할 수 있습니다.

　"Create business card mockup"을 클릭하면 캔바 사이트가
자동으로 연동되어 열립니다.

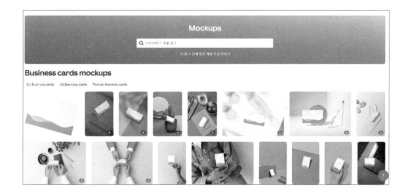

　'Freepik'과 마찬가지로 왕관이 있는 것은 유료, 없는 것은 무
료입니다. 캔바를 유료로 사용하고 있다면 'Freepik' 무료 버전을 사
용하는 목업보다 훨씬 다양한 템플릿이 있으니 유료 사용자라면 적
극 추천합니다.

　저는 캔바 유료 버전을 사용하고 있어 캔바로 목업을 만들어
보겠습니다.

마음에 드는 목업 템플릿을 고른 후, 목업에 넣을 명함 이미지를 선택합니다.

이렇게 클릭 몇 번 만으로 예쁜 명함 목업이 완성되었다면 이제 홍보를 하러 가야겠죠? 홍보는 블로그나 인스타그램으로 하는 것을 추천합니다.

이제 막 개업해서 주문이 들어오지 않는 것은 당연하겠죠? 그렇다면 이벤트를 진행해 보세요. 예를 들어 창업하는 초보 사장님이 많은 커뮤니티에 글을 올려서 명함과 로고를 무료로 제작해 주는 대신, 블로그나 인스타그램으로 후기를 받는 겁니다. 그렇게 후기가 쌓이면 주문이 들어오기 시작할 것입니다. 또한 '크몽'(전문가로 활동하며 수익 창출이 가능한 비즈니스 서비스 중개 플랫폼)에 등록해서 명함 디자이너로 활동하는 것도 가능합니다.

주문이 들어오면 결제를 받고 내 포트폴리오 중 마음에 드는 것이 있는지 또는 원하는 스타일에 가까운 이미지가 있다면 따로 받습니다. 또한 명함에 기재할 인적 사항도 받아야 합니다. 1차 시안을 이미지로 발송하여 피드백을 받고, 이를 수정하여 확인을 받습니다. 최종 확인까지 완료되면 인쇄를 진행하고, 수령지로 직배송을 하면 완료입니다. 인쇄는 주로 '성원 애드피아'를 사용하니 참고하시기를 바랍니다.

이제 위와 같은 프로세스로 벤치마킹과 연습을 통해 로고도 제작할 수 있습니다. 명함, 로고 이외에도 스티커, 카드, 배너 등 확장할 수 있는 아이템이 많으니 다양하게 도전해 보시기를 바랍니다.

무엇이든 한 번에 되는 것은 없습니다. 꾸준히 노력하여 기술을 하나씩 탑재한다면, 이것이 때로는 무기가 되고 때로는 방패가 되어 이 험한 세상에서 나를 지켜 줄 것입니다. 마치 온라인 게임을 하며 득템하여 레벨을 끌어올리는 것처럼 말입니다.

일러스트와 명함, 로고 제작 그리고 인쇄물을 어떻게 의뢰하는지, 전혀 알지 못했던 제가 어떻게 두 달 만에 디자이너로 성장할 수 있었는지 뒤에서 공개하도록 하겠습니다. 그대로만 따라 해보세요. 저보다 훨씬 빨리 전문 디자이너처럼 성장할 수 있을 겁니다.

06

홍보와 수익화의 창구, 오픈채팅방

아직도 나만의 지식 창업 콘텐츠가 없어서 고민만 하고 있나요? 이번에 소개할 콘텐츠는 나만의 콘텐츠가 전혀 없어도 수익 창출이 가능한 카카오 오픈채팅방입니다.

상품을 판매하려면 플랫폼이 필요합니다. 판매자는 플랫폼에 상품을 올리고 소비자는 구매를 합니다. 거래가 성사되었을 때 플랫폼은 판매 수수료를 받죠. 그럼, 오픈채팅방을 지식 창업의 플랫폼으로 만든다면 어떨까요?

오픈채팅방은 카카오톡 메신저 서비스에서 제공하는 기능 중하나이며, 누구나 자유롭게 참여할 수 있는 대화 공간이에요. 취미생활, 전문 지식 등 다양한 분야에 관심 있는 사람들이 모여 소통하는 곳입니다.

1개 오픈채팅방의 최대 인원은 1,500명인데, 익명성이 보장되어 거부감이 덜하고 접근성이 좋습니다. 서로 관심 있는 콘텐츠의 지식, 정보 등 다양한 노하우와 팁을 공유하고 익힐 수 있어 자연스럽게 활발한 활동으로 이어지고 있습니다.

　오픈채팅방의 가장 큰 장점은 비용이 들지 않는 '무료'라는 것입니다. 무료 플랫폼을 이용하기 때문에 초기 운영 자본이 없고, 운영하다가 잘되지 않았을 때는 채팅방을 폐쇄하면 되므로, 특별한 리스크가 없는 무자본 노리스크 사업 구조입니다.

　오픈채팅방에 들어와 있는 사람들은 관심사가 비슷합니다. 그리고 제공해 주는 정보를 기반으로 배우며 익히고 싶은 욕구가 높은 '프로 수강러'가 많습니다. 따라서 나의 오픈채팅방에서 상품(강의)을 구매했다면, 이후 또 다른 상품을 재구매할 확률이 높습니다. 배움에 적극적인 의사가 있는 사람들이 모여 있는 곳이기 때문에 홍보 마케팅에도 거부감이 덜합니다. 새로운 것을 다양하게 접할 기회이니 오히려 기다리기도 합니다.

　오픈채팅방을 개설할 때는 주제와 맞는 이름을 지어야 하는데, 사람들이 관심 있어 하는 'N잡, 수익화' 등이 들어가면 좋습니다. 초보 방장이라면, 잘 운영되고 있는 오픈채팅방을 벤치마킹하여 내 오픈채팅방의 기준과 규칙을 만들어 세팅합니다. 그리고 공지사항을 활용하여 내 오픈채팅방에서 제공하는 콘텐츠 주제와 강의 스케줄, 신청서 링크 등 상세한 정보를 넣어 줍니다.

오픈채팅방이 잘되려면 일단 사람들이 모여 있어야 하는데, 이제 막 개설한 오픈채팅방은 당연히 사람이 없겠죠? 이제부터는 내 오픈채팅방을 부지런히 홍보하러 다녀야 합니다. 하지만 무작정 많은 사람들을 유입시키는 것은 바람직하지 않습니다. 내 오픈채팅방에서 제공하는 주제에 관심이 있는 사람들이 들어올 수 있도록 명확한 타깃을 정해야 합니다. 그래야만 향후 구매 전환도 일어나기 때문에 콘셉트와 주제에 맞는 모객 활동이 중요합니다.

홍보할 수 있는 오픈채팅방 리스트라도 있으면 좋겠지만 그런 것도 없을 때는 어디서부터 해야 할지 감이 오지 않습니다. 이럴 때는 네이버 검색을 통해 나의 잠재 고객이 있을 만한 커뮤니티를 찾아 홍보하는 것을 추천합니다.

또는 오픈채팅방 개설 시 벤치마킹했던 곳을 참고하는 방법도 있습니다. 운영이 잘되는 곳이어서 많은 방장들이 홍보를 할 테고, 그 오픈채팅방에 가입하면 나 역시 그곳에 홍보할 수 있습니다. 그렇게 나만의 홍보 리스트를 만들어 나가면 됩니다.

내 오픈채팅방으로 유입하기 위해서는 그 대가로 선물을 주는 것이 좋습니다. 즉, 가치 있는 정보를 무료 나눔하는 것이죠. "이 오픈채팅방에 오시면 다양한 정보를 무료로 드리니 빨리 오세요!" 라고 말이에요.

내 오픈채팅방에 들어온 타깃 고객들과의 신뢰 관계 구축을 위해 가장 많이 나누어 주는 것이 'PDF 소책자'입니다. 잠재 고객들이 관심 있는 분야의 소책자를 만들어 제공한다면, 오픈채팅방 유입이 증가하게 됩니다.

정확한 기준은 없지만 300명까지는 무료 나눔으로 방을 키워 가는 것이 좋습니다. 소책자의 주제를 무엇으로 해야 할지 모르겠다면, '챗GPT'를 활용하여 아이디어를 얻을 수 있습니다.

저는 돈을 아끼고 모으는 데 강점을 가지고 있고 그 경험을 바탕으로 전자책을 썼으니, 전자책 일부를 담은 『한 달 만에 생활비 100만 원 줄여 주는 노하우』 소책자를 나누어 줄 수 있겠네요. 만약 블로그나 인스타그램을 잘한다면 『블로그 체험단으로 생활비 50만 원 굳히기』, 『왕초보를 위한 인스타그램 가이드 A to Z』 등의 소책자를 나눔할 수 있을 겁니다.

소책자는 20~30페이지로 구성하는 것이 좋고, 표지도 '캔바'나 '미리캔버스'의 템플릿을 활용하여 멋지게 만드는 것을 추천합니다. 그다음 무료 목업 사이트에서 진짜 종이책처럼 보이게 이미지를 만들면, 아주 근사한 소책자가 완성될 거예요.

300명 이상 모이면 이때부터는 강사를 초빙하여 무료 특강을 진행할 수 있습니다. 이때 사람들의 눈길을 끄는 썸네일과 카피라이팅이 필요합니다.

멋진 카피라이팅 문구가 들어간 썸네일을 만들었다면 본격적인 홍보를 합니다. 하지만 수백 개의 오픈채팅방에 하나씩 들어가서 홍보를 한다면 효율이 떨어집니다. 홍보 한 번 하는 데 2~3시간은 기본으로 소요될 거예요.

초기에는 모두 하나씩 일일이 홍보를 했지만, 지금은 자동화 프로그램이 생겨서 시간을 많이 절약할 수 있습니다. 유료 프로그램이긴 해도 한 달에 2~3만 원의 금액을 지불하면 오픈채팅방을 그룹으로 지정할 수도 있고, 그룹별로 정확한 시간을 예약하여 홍보할 수도 있습니다.

방장은 나의 오픈채팅방에 있는 고객들에게 양질의 정보를 지속적으로 제공하는 역할을 해야 합니다. 그러기 위해서는 트렌드를 파악하고 고객들의 니즈와 원하는 정보를 충족해 줄 수 있는 강사 섭외가 필수지만 어려운 일이기도 합니다. 실력 있는 강사를 섭외하려는 오픈채팅방 방장들이 많을뿐더러, 인기 있는 강사는 이미 2~3개월의 특강 스케줄이 잡혀 있기 때문입니다. 그럼에도 불구하고 오픈채팅방의 성장과 수익화를 위해 반드시 필요하므로 부지런히 무료 특강을 듣고 강사 섭외를 해야만 합니다.

강사를 섭외하고 무료 특강 일정을 정하여 진행한 후 유료 강의를 모집하면, 방장과 강사는 이에 대한 수익을 배분합니다. 나의 오픈채팅방이 플랫폼 역할을 했기 때문에 플랫폼 수수료를 받는다고 보면 됩니다. 수익 배분은 오픈채팅방의 규모 및 영향력, 강사의 역량 등에 따라 다르지만 '강사:방장'을 기준으로 7:3, 6:4, 5:5 등을 사전에 서로 합의하여 정하는데, 이것이 오픈채팅방 운영의 주된 수입원입니다.

그렇다면 오픈채팅방 운영으로 한 달에 벌어들일 수 있는 수익은 얼마나 될까요? 수익은 사람마다 천차만별이라서 구체적인 금액을 논하기는 어렵지만 1,000명 정도 된다는 가정하에 조심스레 접근해 보겠습니다.

우선 특강 횟수는 일주일에 2~3회가 적정한데 주 2회로 하겠습니다. 요일은 가급적 고정해서 하는 것이 좋으며, 주말에는 참여자가 적으니 화요일과 목요일로 정하겠습니다. 오픈채팅방 구매 전환율은 5~15%인데 10%로 가정하겠습니다. 특강 참여 인원은 콘텐츠와 홍보 그리고 특강 진행에 따라 천차만별로 적게는 40명, 많게는 200명 이상 참여하기도 합니다. 여기서는 참여 인원을 50명으로 하겠습니다. 강사와 방장의 수익 배분은 7:3으로 하고, 마지막으로 유료 강의 수강료는 20만 원으로 가정하여 계산해 보겠습니다.

▶▶ 주 2회×50명(참여자)×10%(전환율)×30%(수익 배분)
×20만 원×4주 = 240만 원(주 1회인 경우에는 120만 원)

물론 개인마다 차이는 있지만, 오픈채팅방 규모가 1,000명 이상이라면 가능하다고 봅니다. 게다가 방장의 추가적인 노력(오픈채팅방 인원 증가, 실력 있는 강사 섭외 등)에 따라 수익 증가는 얼마든지 가능합니다. 예를 들어 오픈채팅방 2~3개를 운영하여 전체 인원이 3,000명 이상이라면 규모의 경제를 실현할 수 있으므로 나의 플랫폼(오픈채팅방)에서 강의를 하고 싶다는 강사들의 요청이 많이 오고 수익 배분도 50%로 협의할 수 있습니다.

이어서 오픈채팅방으로 수익화를 이루는 데 성공하여 진정한 디지털 노마드의 삶을 살고 계신 대표님 세 분의 사례를 소개하도록 하겠습니다.

먼저 A 대표님은 현재 금융 관련 직종에 종사하고 있는 직장인으로, 2023년 4월부터 퇴근 후에 오픈채팅방 운영을 시작했습니다. 2024년 5월 기준으로 오픈채팅방 4개를 운영하고 있으며 인원은 4,000명입니다. 현재는 오픈채팅방 수익화를 배우고 싶다는 요청으로 온라인 강의를 오픈하고 수강생의 수익화를 위해 집중하고 있습니다.

그리고 얼마 전에는 대학에서도 강의 요청을 받아 온·오프라인 강의까지 확장했습니다. 오픈채팅방 수익화와 마케팅을 주제로 대학 강단에까지 선 것을 보면 요즘에는 대학생도 부업에 관심이 많은 것 같습니다.

다음으로는 제주도에 거주하고 있는 B 대표님으로, 평범한 워킹맘입니다. 자녀들이 커 가면서 지출해야 할 것들은 자꾸 많아지는데 현재의 불안정한 수입 구조로는 미래에 대한 희망을 꿈꾸기가 어려웠다고 합니다. 이대로 살다가는 하루하루 돈에 쪼들리면서 불안한 미래를, 초라한 노후를 살아야만 할 것 같아 추가적인 수입 구조를 만들어야겠다는 생각을 하셨다고 해요.

더 늦기 전에 온라인 세상에서 자신만의 사업을 시작해야겠다고 마음먹고, 2023년 초부터 오픈채팅방 운영을 시작했습니다. 열심히 노력한 결과 2개월 만에 800명이 넘는 회원을 모집했고, 월 200만 원이 넘는 수익을 실현했습니다. 그래서 지난여름에는 자녀들과 함께 영국으로 한달살이를 떠났습니다. 그리고 런던 숙소에서 노트북을 켜고 특강을 진행하며 수익을 올리기도 했습니다.

마지막으로 스포츠 종목의 국가대표 감독을 겸하며 학원을 운영하고 계시는 C 대표님입니다. A와 B 대표님은 퇴근 시각이 일정하고 야근이 거의 없는 반면, C 대표님은 국가대표 감독으로서 세계선수권대회에 나가거나 전지훈련을 가고, 해외에 심사위원으로 참여하는 일도 많다고 합니다.

이런 쉽지 않은 상황에서도 본인 일정과 강의 스케줄을 조절해서 오픈채팅방을 잘 운영하고 있습니다. 얼마 전에는 미국에서 대회를 치르고 한국에 돌아와서 며칠 만에 다시 해외에 심사위원으로 출국했고, 현지에서 시차로 인해 새벽에 졸린 눈을 비비며 숙소에서 노트북으로 특강을 진행했다고 합니다.

참고로 저는 오픈채팅방을 운영하고는 있지만 강사를 섭외하지 않아 별다른 수익은 없는데요. 그 이유는 업무 특성상 갑자기 당일에 야근을 해야 할 수도 있고, 다음 날 급히 출장을 가야 할 수도 있기 때문입니다. 만약 무료 특강을 오늘 저녁에 하려 하는데 갑자기 야근을 해야 한다면 정상적인 진행이 어렵습니다. 그렇기 때문에 특강을 신청하신 분들의 신뢰가 무너지게 될 것입니다.

오픈채팅방 운영을 하고 싶어도 저와 같은 업무 패턴이라 망설이고 계신 분이 있다면 '일단 시작하라'고 말씀드리고 싶습니다. 특강은 주말을 피한다고 했었죠? 그러나 이 경우에는 평일에 진행하지 못하는 리스크를 안고 가는 것보다, 참여자가 조금 떨어지더라도 주말에 진행하여 리스크를 줄이는 것이 바람직합니다.

참여자가 적어 유료 전환이 떨어지니 강사 섭외가 걱정된다면 이렇게 해보세요. 처음에는 수익 배분을 8:2로 시작하는 겁니다. 그러다가 오픈채팅방의 인원이 많아져 1,000명 이상 되었을 때는 7:3으로 조정해도 됩니다.

오픈채팅방 인원이 많아지고 주말 특강도 어느 정도 안정되었나요? 그렇다면 이제 다른 방장님과의 협업을 진행할 차례입니다. 협업을 하면 홍보도 함께 하기 때문에 특강 참여자가 늘어납니다. 게다가 강사 섭외에서도 비교우위를 점할 수 있습니다.

만약 평일에 갑작스러운 야근, 출장으로 특강 진행이 어려울 경우에는 협업하는 방장님께 진행을 부탁드리고, 그분께 더 많은 수익을 드리면 됩니다. 예를 들어 내가 홍보해서 유료 전환이 일어나 최종 수익으로 받은 금액이 100만 원이라고 해보겠습니다. 그럼 그중 20~30% 정도, 특강을 진행한 방장님께 드리는 겁니다. 본인의 사정을 협업 시작 시 말씀드리고, 수익 배분 조건을 이야기하면 됩니다. 특강 초반에 특강 및 강사 소개 멘트, 끝날 때 유료 강의 언급과 마무리만 하면 되니 협업하는 방장님도 마다하지 않을 겁니다.

다만 오픈채팅방을 운영할 때 몇 가지 알아야 할 사항이 있습니다.

첫 번째는 블로그 포스팅입니다. 대부분의 오픈채팅방에서는 홍보하고자 하는 오픈채팅방 링크를 직접 게시하지 못하게 하는 규정이 있습니다. 그러므로 진행하고자 하는 무료 특강의 주제와 내용, 참여자의 선물 등을 블로그에 포스팅합니다. 그리고 이 링크를 간단한 설명과 함께 다른 오픈채팅방에 홍보하여 해당 무료 특강 주제에 관심 있는 잠재 고객들이 유입될 수 있게 합니다. 블로그 포스팅을 보고 유입되기도 하니 1석 2조의 효과를 볼 수 있습니다.

두 번째는 구글폼 활용법입니다. 오픈채팅방 홍보 시 블로그 포스팅을 활용해 무료 특강을 소개했는데, 어떤 사람이 특강에 관심이 있어서 신청하고 싶다면 어떻게 해야 할까요? 블로그에 비밀 댓글로 신청을 받을 수도 있지만, 모두 수작업으로 정리해야 하는 번거로움이 있습니다.

가장 보편적인 방식은 블로그 포스팅 하단에 구글폼 양식의 신청서를 첨부하는 것입니다. 신청서에는 기본적으로 들어가야 할 항목들이 있는데 '이름, 휴대전화 번호, 이메일 주소, 개인정보 수집 동의' 등입니다. 이렇게 취합된 고객 정보는 나의 유용한 데이터베이스가 됩니다. 추후 다른 특강을 진행할 때, 이 정보들을 활용하여 이메일도 보내고 문자 발송도 하며 홍보할 수 있습니다.

마지막으로 줌(Zoom)의 기본 기능을 사용할 줄 알아야 합니다. 오픈채팅방에서 진행하는 무료 특강, 유료 강의는 거의 다 온라인으로 이루어집니다. 웨일온, 구글 미트 등이 있지만 가장 보편적으로 사용하고 있는 것이 Zoom입니다.

Zoom은 무료로도 사용할 수 있지만 시간이 40분으로 제한되어 있어 특강 시 사용할 수 없습니다. 일반적인 특강은 1~2시간이며 길면 3시간을 진행하기도 하기 때문에 유료 버전을 사용해야 합니다. 접속 인원 100명, 300명에 따라 금액이 다른데, 처음 시작할 때는 100명짜리로 사용하면 됩니다. 그러다가 더 많은 접속 인원이 필요하다면 그때 업그레이드하는 것을 추천합니다.

여러분도 도전하면 가능하니 우선 실행부터 해보시길 바랍니다. 일단 하면서 수정, 보완한다면 멈추지 않고 계속 나아갈 수 있는 길이 보일 겁니다.

07

작가·강사의 등용문, AI 창작물

2023년 초, AI를 처음 접한 저는 놀라움을 금치 못했습니다. AI의 무한한 가능성을 보았고, AI를 조수로 잘 활용한다면 꿈만 꿔 왔던 것들을 실현해 볼 수 있을 것 같았습니다.

처음에는 AI로 돈을 벌겠다는 생각보다는, 그간 엄두조차 내 지 못했던 것들을 하나씩 도전해 보며 경험을 쌓아간다는 마음으로 AI를 익히며 여러 가지에 도전했습니다. 그러면서 조금씩 노하우 가 쌓였고, 저의 AI 포트폴리오도 채워져 갔습니다.

저는 지금도 다양한 AI 분야에 관해서 공부하고 있지만, 이 책 에서는 비교적 수익화가 빠르다고 할 수 있는 AI를 활용한 동화책 과 컬러링 북(색칠 공부)에 관한 내용을 다루도록 하겠습니다.

AI 동화책

AI 동화책은 제가 처음으로 시도한 AI 창작물이며, '급여 외월 1,000만 원 수익'을 달성하게 해준 제 지식 창업의 핵심 원동력이기도 합니다. 사실 모든 AI가 그렇지만, AI 동화책 판매 자체로 수익을 얻기는 어렵습니다. 하지만 다양한 확장을 통해 수익화를 이룰 수 있습니다.

동화책에 들어갈 삽화를 만들기 위해서는 많은 연습이 필요합니다. 이 과정에서 자연스럽게 AI로 그림을 만드는 실력이 향상되고, 이를 통해 AI 아트를 포함한 다양한 영역으로 확장할 수 있습니다. 저는 미드저니 외 'Stable Dufusion(스테이블 디퓨전)'도 배우고 있는데, 미드저니로 그림을 그리면서 다른 프로그램도 다루고 싶었습니다. 스테이블 디퓨전은 어려운 편이지만 미드저니를 배우고 나서 접하니 이해가 좀 더 수월했습니다.

Stunning! I really enjoyed your feed, and we would love to work with you. How about I let you choose your own jewelery for free? If you're interested, please see my invitation and let's make it happen. 🫶💕

답글 달기　메시지번역 보기

스테이블 디퓨전으로 만든 AI 한복 모델인데요. 인스타그램에 피드를 올린 다음 날, 해외 주얼리 회사 2곳에서 협업 제안을 받았습니다. 하지만 당시에는 아직 포토샵을 잘 다루지 못했기에 협업을 진행하지는 않았습니다.

또한 AI를 활용하여 만든 그림을 넣어 가방, 티셔츠, 머그잔, 쿠션, 책상 달력, 엽서, 휴대전화 액세서리 등의 굿즈 판매를 할 수도 있습니다. 저는 고양이 집사로서 고양이를 콘셉트로 결정했고, 명화를 참고하여 키스냥, 절규냥 등으로 패러디하며 캐릭터를 익살스럽게 표현했습니다.

AI 동화책은 자녀와 함께할 수 있는 트렌드가 잘 반영된 미래 지향적이고 교육적인 콘텐츠입니다. AI 동화책 만드는 과정을 블로그나 인스타그램에 올려 보세요. 교육기관에서 강의 요청을 받을 수도 있고, 내 경험을 바탕으로 방과후 학습이나 지역 문화센터 강사로 지원할 수도 있습니다.

프리랜서, 육아맘, 경단녀 등, 낮에 근무 가능한 분들은 모두 수익화에 도전할 수 있습니다. 참고로 앞 페이지 하단의 사진은 경상북도교육청 산하 공공기관에서 2주간 2회에 걸쳐 진행한 '자녀와 함께 하는 AI 동화책 만들기' 강의 사진들입니다.

AI 동화책 만들기 과정은 대표적으로 방과후, 늘봄 교실, 도서관에서 강의를 진행할 수 있습니다.

각 시도교육청 홈페이지에 들어가서 모집 공고를 확인합니다.

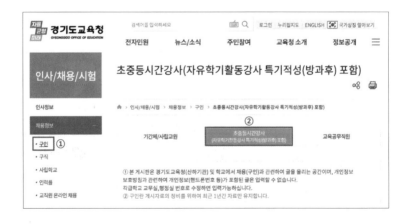

예컨대 경기도교육청 홈페이지에 접속하여 '인사/채용/시험 → 채용정보 → 구인'으로 들어가면, 기간제/사립교원 관련 공고가 보이는데 그 옆에 '초중등시간강사'를 클릭하면 됩니다.

2024학년도   초등학교 미래형 맞춤형 프로그램 개인위탁 외부강사 채용 공고

나. 면 접 : 1차 서류전형에 합격한 자(개별통보)를 면접 일에 면접함
다. 강사비 : 시간당 7만원(50분기준:수업시간 40분, 정리시간 10분)
3. 공고 내용
　가. 모집과목 : 미래형.맞춤형 프로그램
　나. 계약기간 : 2024. 9. 4 ~ 2024. 12. 13(추후 연장 가능할 수 있음)

모집 부서	운영 요일	운영 시간		비고
디지털 프로그램 (AI 코딩, 빅데이터, 드론 등)	화	14:00 ~ 14:40	1~2학년	
		14:50 ~ 15:30	3~4학년	
		15:40 ~ 16:20	5~6학년	
	수	13:10 ~ 13:50	1~2학년	
		14:00 ~ 14:40	3~4학년	
		14:50 ~ 15:30	5~6학년	

*요일. 시간은 변경될 수 있음.

　다. 지원조건
　　1) 해당 분야에 전문적인 능력을 가진 자 또는 자격증 소지자
　　2) 직무 수행의 결격사유나 학생 지도 시 건강에 이상이 없는 자
　　3) 늘봄학교 개인위탁 외부강사 활동에 제한이 없는 자

　라. 제출서류
　　1) 프로그램 운영 제안서 1부 –첨부됨.
　　- 인적사항, 자기소개서, 프로그램 운영제안서 등.

마침 어느 초등학교의 미래형 맞춤형 프로그램 개인위탁 외부강사 채용공고가 있어 가져왔습니다. 모집 부서에 보면 'AI'라고 되어 있으나 구체적인 프로그램명은 없습니다. 가장 중요한 것이

지원 조건인데, '해당 분야에 전문적인 능력을 갖춘 자 또는 자격증 소지자'이므로 강사 지원에 결격 사유가 없습니다.

프로그램 운영 제안서

운영	강사료(시간당)	시간당 70,000원	교재	교재명(출판사)	예정가격*
	희망요일	공고문 수업시간 참고			
	운영시간	주당 6 차시			
	재료비예정액	원*			

* 예정가격은 학생이 부담하게 되는 교재의 최고액

강좌 목표	
주요 교육내용	
주요 강의 방법	
평가 방법	

프로그램 운영 계획

※ 자율적으로 기술

프로그램 운영 제안서 내 프로그램 운영 계획도 자율적으로 기술하면 됩니다. 그 외 인적 사항과 자기소개서만 제출하면 관련 서류를 작성하는 것도 어렵지 않습니다.

도서관에서 진행하는 강의도 알아보았습니다. 이 책에서 구체적인 지역과 강의명을 공개할 수는 없으나, 초등학교 저학년을 대상으로 한 〈AI를 활용한 동화책 작가〉 강의 프로그램을 찾을 수 있었습니다.

그 외 평생학습센터, 복지관, 백화점이나 마트의 문화센터, 주민센터, 지역아동센터 등에도 제안서를 제출하여 프로그램을 개설할 수 있습니다.

자, 이처럼 다양한 방법으로 강사 지원을 할 수 있으니, 이제 본격적으로 AI 동화책을 어떻게 만드는지 알아보겠습니다.

우선 'AI 동화책 만들기'의 전체적인 프로세스를 소개하면 다음과 같습니다.

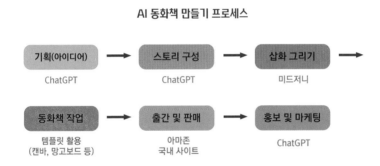

AI 동화책 만들기 프로세스

챗GPT, 미드저니 등의 AI를 도구(챗GPT, 미드저니)로 스토리를 기획하고 삽화를 그립니다. 그런 다음 캔바, 망고보드, 미리캔바스 같은 템플릿을 활용해서 동화책을 만듭니다.

마지막으로 완성한 동화책을 전자책과 POD 종이책으로 출간합니다.

그럼, 단계별로 살펴보겠습니다.

챗GPT로 스토리 기획하고 구성하기

챗GPT를 사용하기 위해서는 OpenAI에 회원 가입을 해야 합니다.

구글에서 openai를 검색한 후, 사이트에 접속합니다.

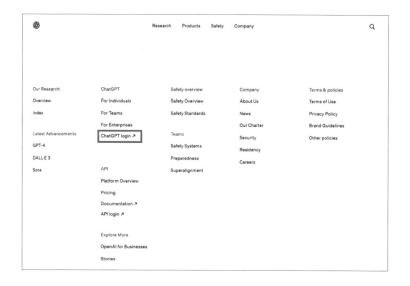

ChatGPT login을 누르면 아래와 같은 화면으로 넘어갑니다.

회원 가입을 누릅니다. 그런 다음 'Google로 계속하기'를 클릭하여 지메일 계정을 입력해 줍니다.

물론 다른 방법으로 회원 가입을 할 수도 있습니다. 하지만 편의상 지메일 계정으로 하는 것을 추천합니다.

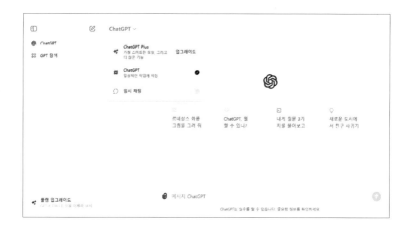

처음 접속하면 위와 같은 화면이 보이는데, 유료 플랜으로 업그레이드가 가능합니다.

무료 버전을 사용해도 되지만, 유료가 기능이 훨씬 다양하고 더 좋은 스토리를 만들어 줍니다. 그러므로 동화책을 만드는 기간 (최소 1개월)은 월 20달러의 유료 플랜 사용을 권장합니다.

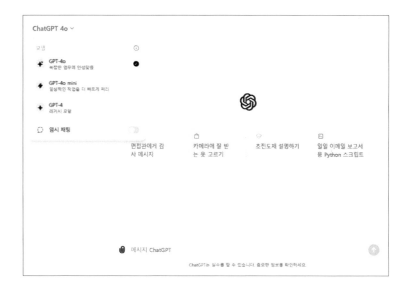

유료 플랜에 가입하면 GPT-4o 모델 사용이 가능합니다. 동화책을 만들 때는 영어와 한국어 모두 필요하기 때문에 '프롬프트 지니'를 설치해 주어야 합니다.

구글에서 검색하여 설치해 줍니다.

'프롬프트 지니'를 설치했더니 말풍선 같은 아이콘이 생겼습니다.

이제부터 AI 동화책 스토리를 만들어 볼 텐데요. 우선 챗GPT에 역할을 부여하겠습니다.

역할을 부여했더니 어떤 스토리 아이디어를 염두에 두고 있냐고 물어보네요. 구체적인 주제나 내용이 있다면 요청하면 좋지만, 없다는 가정하에 요청하도록 하겠습니다.

주인공이 해, 달, 별, 꽃 등으로 나오면 의인화를 해야 하는데 이건 너무 어렵기 때문에 주인공은 사람이나 포유류(곰, 사자, 호랑이, 고양이, 개 등)로 하는 것이 좋습니다. 또한 주인공을 여러 명으로 하는 것보다 1명으로 하는 편이 동일한 그림을 지속적으로 만들어 내기 쉽습니다.

"가장 인기 있고 교훈이 담긴 내용으로 책의 제목과 스토리 라인 5개를 제안해 주세요. 단, 주인공은 사람과 포유류로 한정하며 주인공 1명이 다양한 이벤트를 겪는 내용이면 좋겠어요."

위와 같이 요청하고, 챗GPT가 제안해 준 제목과 스토리 라인 중 가장 적절해 보이는 하나를 선택했습니다.

그리고 해당 제목으로 목차를 15장으로 구성해서 내용을 써 달라고 요청했습니다.

내용이 너무 짧게 나왔네요. 그래서 다시 더 길게 써 달라고 요청했습니다.

이번에는 대화형으로 길게 나왔습니다. 내용이 길긴 하지만, 스토리 구성이 마음에 들어 이것으로 결정했습니다.

다음으로 등장인물의 특징에 대해 요청합니다. 우리가 직접 그림을 그릴 수가 없기 때문에, 등장인물의 외모적인 특징을 알아야 이것을 토대로 미드저니에서 그림으로 만들 수가 있습니다.

주요 등장인물

백합

- **나이:** 5세
- **외모:** 릴리는 어깨 바로 아래까지 내려오는 갈색 곱슬머리와 호기심으로 반짝이는 큰 녹색 눈을 가지고 있습니다. 그녀는 친절하고 표현력이 풍부한 얼굴과 행복할 때 빛을 발하는 밝은 미소를 가지고 있습니다.
- **성격:** 릴리는 모험심과 조심성이 혼합된 성격입니다. 그녀는 새로운 것을 탐구하는 것을 좋아하지만 익숙하지 않은 상황에 대해 긴장감을 느낄 수 있습니다. 그녀는 친절하고 공감하며 자신의 경험을 통해 빠르게 배웁니다.

미드저니에서 그림을 생성하려면 프롬프트는 영어로 넣어야 하지만, 키워드를 보기 위해서 한국어로 번역했습니다. 이제 미드저니로 그림을 만들어 볼까요?

빨간색 키워드를 중심으로 몇 가지를 추가하여 완성한 주인공의 이미지입니다. 여러 가지 화풍을 프롬프트에 넣었더니 그럴듯한 주인공 캐릭터가 완성되었습니다.

이번에는 챕터별 스토리를 그림으로 표현하기 위해 챗GPT에 요청해 보겠습니다.

---

1. **A New Beginning**
   - Lily wakes up excited for her first day of school. She talks to her parents about her hopes and fears, feeling a mix of excitement and nervousness.
2. **Morning Jitters**
   - As Lily gets ready for school, she feels butterflies in her stomach. Her mom helps her choose a special outfit and reassures her that everything will be fine.
1. **새로운 시작**
   - 릴리는 학교 첫날을 앞두고 들뜬 마음으로 깨어납니다. 그녀는 흥분과 긴장이 뒤섞인 감정을 느끼며 자신의 희망과 두려움에 대해 부모에게 이야기합니다.
2. **아침 불안**
   - 릴리는 학교 갈 준비를 하면서 가슴이 벅차오르는 느낌을 받습니다. 그녀의 엄마는 그녀가 특별한 옷을 선택할 수 있도록 도와주고 모든 것이 잘 될 것이라고 그녀를 안심시킵니다.

챗GPT가 만들어 준 챕터의 내용을 그대로 넣어도 됩니다. 하지만 분량이 길기 때문에 핵심만 요약한 장면 묘사의 내용을 넣고 둘 중 더 적합한 그림을 선택하면 좋습니다.

처음 스토리 라인을 요청할 때 챗GPT가 어떤 교훈을 얻을 수 있는지 알려주기도 하는데, 그렇지 않으면 "이 책을 읽고 아이들이 얻을 수 있는 교훈을 써 주세요."라고 요청하면 됩니다.

다음과 같은 프로세스로 챗GPT에 요청하고 수정하면서 원하는 내용을 만들 수 있습니다.

- ▸▸ ChatGPT에 역할 부여
- ▸▸ 대상 연령 및 주제 선정
- ▸▸ 목차 구성
- ▸▸ 각 챕터 스토리 만들기
- ▸▸ 미드저니 이미지 내용 요청
- ▸▸ 캐릭터(등장인물) 특징
- ▸▸ 이 책을 읽고 얻을 수 있는 교훈
- ▸▸ 이 책을 구매해야 하는 이유(카피라이팅)
- ▸▸ 북 커버(종이책) 이미지 내용

Discord(디스코드)와 Midjourney(미드저니)

이제 미드저니로 챗GPT가 만들어 준 동화 각 챕터의 삽화를 만들 차례입니다. 미드저니는 Discord(디스코드) 기반의 서버에서 미드저니 봇(Bot) 형태로 서비스되는데, 디스코드의 설치와 가입 그리고 기초 사용법을 알아야만 미드저니에서 그림을 생성할 수 있습니다.

네이버나 구글에서 Discord를 검색하면 디스코드 사이트에 접속할 수 있습니다. 여러 가지 지원 OS가 있으니, 자신의 OS에 맞는 프로그램을 다운받아 설치하고 디스코드를 실행합니다.

처음 실행하면 이런 로그인 화면이 나오는데, 아직 회원 가입을 하지 않았으므로 가장 아래쪽의 '가입하기'를 클릭합니다.

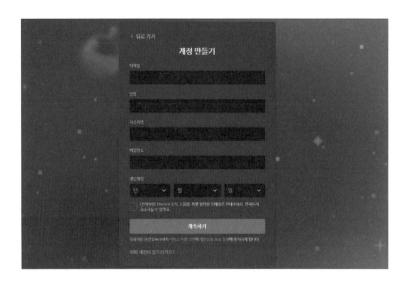

이메일을 포함한 사용자 이름, 비밀번호, 생년월일 등의 필수
사항을 입력하여 계정을 만듭니다.

'사람입니다'에 체크를 하면 추가 화면이 나오는데, 해당하는
것을 클릭하면 다음으로 넘어갑니다.

회원 가입 후 디스코드 화면에 접속하면, 그림 상단의 녹색처럼 이메일 인증을 하라고 뜹니다. 이때 회원 가입 시 입력한 이메일에 들어가면 인증 메일을 확인할 수 있습니다.

받은 메일에서 'Verify Email'을 클릭하면 이메일 인증이 완료됩니다.

자, 이제 본격적으로 미드저니에 접속해 보겠습니다.

디스코 사이트나 설치한 앱을 실행하여 로그인합니다. 하지만 아직 미드저니를 사용할 수는 없습니다.

왼쪽 위에 있는 초록색 나침반을 누르면 위 그림처럼 추천 커뮤니티가 나타나는데, 여기서 미드저니를 선택하면 됩니다.

드디어 미드저니에 접속했습니다. 하지만 마지막 관문이 남아 있습니다. 바로 맨 위에 있는 파란색 'Midourney에 참가하기'를 클릭해야만 서버가 추가되어 사용이 가능합니다.

이제 미드너지 홈페이지에 접속하여 'Sign Up'을 선택하고 'Continue with Discord'를 클릭하여 디스코드에 접속합니다.

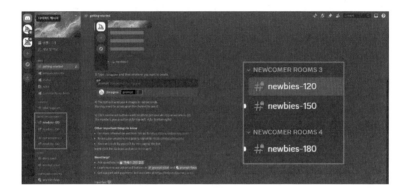

처음 들어오면 이런 화면이 뜨는데 당황하지 마시고, 왼쪽 'NEWCOMER ROOMS' 아래에 있는 'newbies' 중 아무 곳이나 클릭하여 들어갑니다. 참고로 newbies 뒤에 나오는 숫자는 각기 다르니 신경 쓰지 않아도 됩니다.

드디어 미드저니의 공용 서버에 접속했습니다. 이제 가장 아래에 있는 공란에 명령어라고 할 수 있는 프롬프트(prompt)를 입력하면 그림을 생성할 수 있습니다.

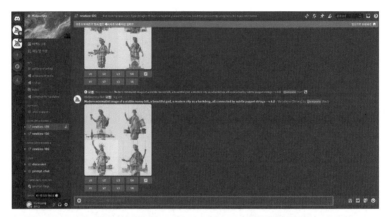

　　아래 공간에서 /를 입력하면 리스트들이 나타나는데 이 중 'imagine'이 그림을 생성하는 것이니 클릭하면 됩니다. 만약 리스트가 나타나지 않는다면 '/imagine'이라고 입력하면 나올 겁니다.

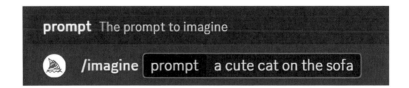

자, 그럼 'a cute cat on the sofa'라고 프롬프트를 입력해 보겠습니다.

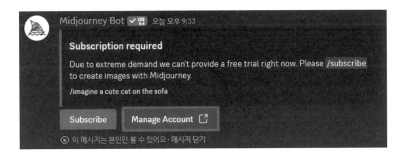

이미지는 생성되지 않고 위 화면이 나왔습니다. 미드저니는 유료로만 사용이 가능하기 때문에 구독을 하라는 창이 나타난 것입니다. 구독하기 위해서 'Manage Account'를 클릭합니다.

'지금부터 midjourney.com 링크를 신뢰합니다'에 체크한 후, '사이트 방문하기'를 클릭하면 네 가지 구독 플랜이 나옵니다.

	Basic Plan	Standard Plan	Pro Plan	Mega Plan
Monthly Subscription Cost 월간 구독	$10	$30	$60	$120
Annual Subscription Cost 연간 구독	$96 ($8 / month)	$288 ($24 / month)	$576 ($48 / month)	$1152 ($96 / month)
Fast GPU Time 패스트 모드	3.3 hr/month	15 hr/month	30 hr/month	60 hr/month
Relax GPU Time 릴랙스 모드	-	Unlimited	Unlimited	Unlimited

처음에는 가장 낮은 Basic Plan을 '월간 구독'으로 사용하는 것을 권장합니다. 연간 구독을 하면 20% 할인되지만 1년을 사용해야 하기 때문에, 우선 10달러로 Basic Plan을 사용하다가 사용량에 따라 Standard Plan으로 변경하든지, 연간 구독을 하든지 결정하면 됩니다.

미드저니에서 패스트 모드로 그림을 생성하는 시간이 대략 30초(느릴 때는 1분도 소요)인데, Basic Plan은 한 달에 3.3시간 사용이 가능합니다. 한 달에 400장 정도 생성이 가능하다고 볼 수 있습니다.

Standard Plan은 가격은 3배 비싸지만, 15시간으로 Basic plan에 비해 약 4.5배 많은 시간을 사용할 수 있습니다. 그리고 느린 속도로 그림을 생성할 수 있는 '릴랙스 모드'는 무제한 사용할 수 있다는 특징이 있습니다.

정기 구독 신청을 완료한 후에 'a cute cat on the sofa'라는 프롬프트를 입력해 보겠습니다.

이번에는 제대로 생성이 되었네요. 그런데 U1~U4, V1~V4가 그림 아래에 생겼습니다. 순서는 왼쪽 위가 1번, 오른쪽 위가 2번, 왼쪽 아래가 3번, 오른쪽 아래가 4번입니다. 그리고 U는 'Upscale'의 약자로, 선택한 그림을 따로 크게 생성해 줍니다. V는 'Variation'의 약자로, 선택한 그림과 비슷한 4개의 그림을 다시 생성해 줍니다.

U1과 V1의 예로 들어 차례대로 실행해 보겠습니다.

U1을 눌렀더니 이렇게 1번 그림만 따로 생성되었습니다.

생성된 그림을 저장하려면 어떻게 할까요?

그림에 커서를 두고 왼쪽 마우스를 클릭하면 위와 같이 그림이 팝업되는데, 여기서 오른쪽 마우스를 클릭하면 516×516 사이즈의 이미지를 저장할 수 있습니다. 만약 1024×1024 사이즈의 그림이 필요할 경우에는 하단의 '브라우저로 열기'를 클릭하여 저장하면 됩니다.

V1을 클릭했더니 V1과 비슷한 그림 4장이 생성된 것을 볼 수 있습니다.

지금까지 Discord(디스코드) 가입 및 Midjourney(미드저니) 접속에 대해 알아보았습니다.

동화책을 만들기 위해 그림을 생성하려면 미드저니 기초 사용법을 알아야 하기 때문에 이에 대한 설명을 하겠습니다. 다만 이 책은 AI 전문 서적이 아니므로, 동화책을 만들기 위해 필요한 기능만 다루도록 하겠습니다.

기초 Parameters(매개변수)

Parameter(매개변수)는 이미지를 생성하는 방법을 결정하는 요소입니다. 다양한 매개변수가 있지만, 동화책을 만들 때 필요한 것들 위주로 다루겠습니다.

Model, Version (--v, --niji)

미드저니의 생성 모델은 버전1(v1)으로 시작하여 버전 5.0(v5.0), 버전5.1(v5.1), 버전5.2(v5.2)를 거쳐 2024년 6월 기준으로 버전6(v6)까지 업데이트가 이루어졌습니다. v1~v4는 초창기 모델이기 때문에 현실적으로 사용하기 어려운 점이 있어, v5부터 v6까지 적용하여 생성한 그림을 비교해 보겠습니다.

프롬프트에 'character model for fairy tale, 6-year-old girl, very cute, big eyes with smile'를 넣고 마지막에 --v 5, --v 5.1, --v 5.2, --v 6을 각각 넣었더니 위와 같은 버전별 그림이 생성되었습니다.

저는 동화책 용도로 그림을 만들 때는 최신 버전인 v6로 하면 오히려 이상한 결과물이 생성되어서, 주로 v5.2와 niji 6를 쓰고 있는데 niji 6는 바로 뒤이어 설명하도록 하겠습니다.

niji 모델은 '니지저니'라고 하며 애니메이션 화풍입니다. niji 4, niji 5, niji 6가 있고 프롬프트 입력 시 --niji 뒤에 숫자를 넣으면 되는데요. 그림 njii 4, 5, 6의 그림은 어떤지 보겠습니다.

--niji 4   --niji 5   --niji 6

앞에서 본 미드저니 v5~v6와는 화풍이 확실히 다르죠? 본인이 어떤 모델을 원하는지 선택해서 진행하면 됩니다. 다만 v와 nijji는 함께 사용할 수 없습니다.

Stylize (--s)

다음은 'Stylize' 기능에 대해 알아보겠습니다. 'Stylize'의 범위는 0부터 1,000까지 지정할 수 있으며, 수치가 낮을수록 입력한 프롬프트에 충실한 그림이 생성됩니다. 그리고 수치가 높을수록 미드저니가 예술성을 추가하여 그림을 생성합니다.

프롬프트는 앞에서 사용한 것 그대로 넣고 버전은 v5.2를 기준으로 하여 비교해 보겠습니다.

▸▸ **프롬프트** character model for fairy tale, 6-year-old girl, very cute, big eyes with smile --v 5.2 --s 100(0~1,000까지 S값 기재)

--v 5.2 --s 0   --v 5.2 --s 100   --v 5.2 --s 500   --v 5.2 --s 1000

자, 어떤가요? S값이 0일 때는 프롬프트에만 충실하게 그림을 만들다 보니 좀 어색하게 나온 것 같습니다. S값 100은 동화책에 사용할 수 있을 것 같은 그림이 나왔고, S값 500과 1000은 실사 느낌도 섞여 있는 그림이 만들어졌습니다. 이처럼 수치가 높아질수록 미드저니가 알아서 스타일을 추가하여 그림을 생성하기 때문에, 내가 의도하지 않은 그림이 나올 수가 있습니다.

개인차가 있겠지만 제가 그간에 해본 경험으로 동화책에 어울리는 S값은 50~250이며, 100을 가장 추천합니다. 이 범위 내에서 조절하며 원하는 그림을 만들어 보시기 바랍니다.

화면 비율 (--ar)

다음은 그림의 비율을 결정하는 값인 "ar"에 대해 알아보겠습니다. ar은 aspect ratio의 약자이며 가로×세로의 비율입니다.

화면 비율 설정하는 방법은 --ar을 적은 다음 원하는 비율을 적어주면 됩니다. 예를 들어, 영화 같은 화면이라면 --ar 16:9, 유튜브 쇼츠나 인스타그램 릴스와 같은 비율을 원한다면 --ar 9:16을 입력하면 됩니다. 기본값은 1:1로 되어 있어서 아무 값도 넣지 않으면 1:1 비율의 정사각형 그림이 생성됩니다. 앞에서 생성한 그림이 왜 모두 1:1 비율인지 이제 이해하시겠죠?

그럼 같은 프롬프트로 비율을 다르게 해서 생성해 보겠습니다.

--v 5.2 --s 100 --ar 1:1   --v 5.2 --s 100 --ar 9:16   --v 5.2 --s 100 --ar 16:9

이렇게 원하는 화면 비율을 넣기만 하면 되는데요. 저는 1:1 비율을 사용하고 있습니다.

세팅 값 설정

세팅 값을 설정해 놓으면 매번 같은 값을 입력할 필요가 없어 편리합니다.

프롬프트 창에 명령어를 쓸 때는 반드시 가장 먼저 "/"를 입력 해야 합니다.

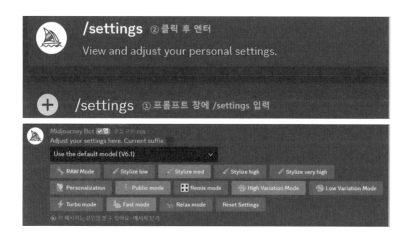

'settings'에서 원하는 ① 모델과 버전(v, niji), ② Stylize(low 50, med 100, high 250, very high 750), ③ Variation mode(High, Low)를 세팅할 수 있습니다. Basic Plan에서는 'Relax mode'가 지원이 안 되고 'Fast mode'만 가능합니다.

지금까지 꽤 많은 분량의 내용을 다루었는데, 동화책 만들기 프로세스 6단계 중 2.5단계밖에 진도를 나가지 못했습니다. 챗GPT를 활용한 스토리 구성까지는 위의 가이드대로만 한다면 큰 무리 없이 만들 수 있을 겁니다. 또한 미드저니로 그림을 만들기 위해서는 가입과 필수 기능은 반드시 알아야만 하기 때문에 상세히 다루었습니다.

하지만 본격적으로 삽화를 만들고 동화책을 작업한 후 출간 및 판매까지의 과정을 모두 담으려면 따로 책 1권을 구성해야 할 분량입니다. 게다가 이 책은 'AI 동화책 만들기'가 아니기 때문에 이 내용 하나만 집중적으로 다루기는 무리가 있고, 모두 다 중요한 내용이라 생략하고 넣을 수도 없었습니다. 어떻게 하는 것이 좋을지 고민하다가, 몇 개월 전에 받았던 카톡 내용이 생각났습니다.

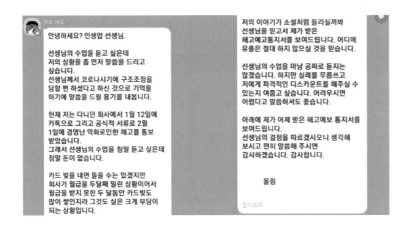

전날 저녁 무료 특강을 하고 다음 날 밤 11시가 다 되어서 이런 카톡을 받았습니다. 솔직히 이 내용을 보는 순간 눈물이 핑 돌았습니다.

제 지난날이 생각나기도 했지만, 이렇게 자신의 상황을 전달하기까지 얼마나 고민했을지 짐작이 가고도 남았습니다. 직접 연락하여 이런 말을 꺼내기 어려웠을 텐데 용기 내어 다가와 주셔서 오히려 감사했습니다.

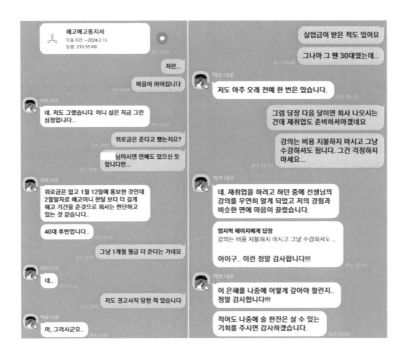

수강료를 절반으로 할인해 드려도 10만 원이 훨씬 넘는 금액인데, 이분께서는 아마 100만 원 이상으로 느낄 수밖에 없었을 겁니다. 마치 1,500원짜리 캔맥주가 당시의 저에게는 15만 원으로 느껴진 것처럼요.

제가 강의를 생업으로 하는 사람이라면 다르겠지만, 현재 저는 직장이 있어 급여가 안정적으로 나오고 강의는 말 그대로 '제2의 인생'을 위한 부업으로 하고 있습니다.

그래서 따로 비용을 받지 않고 수강하실 수 있게 했습니다. 다만 모든 노하우를 알려드려도 간절함으로 실행하는 것은 선생님의 몫이라고 말씀드렸습니다.

저도 AI 관련하여 다양한 책을 사서 보고 있지만, 사실 AI를 책으로 배운다는 것은 한계가 있습니다. 아무리 책에 상세히 기술한들, 실제 영상을 한번 보는 것이 훨씬 이해도 빠르고 효과도 좋습니다.

온전한 직장이 있고 급여가 꾸준히 나오는 분들은 강의를 구매하여 들을 수 있는 여력이 됩니다. 하지만 앞에서 말씀드린 선생님처럼 갑작스러운 사정으로 직장을 잃게 된 분, 배우고 싶으나 정말 돈이 없는 분들은 이런 배움의 기회조차 없는 것이 현실입니다. 정작 수익화 전략은 이런 분들께 가장 먼저 필요한 것임에도 말입니다.

그래서 미약하나마 도움이 되었으면 하는 마음으로 독자분들에게 'AI 동화책 과정' 강의 영상을 제공하고자 합니다.

'AI 동화책 과정'이 결코 쉽지는 않습니다. 하지만 일흔이 넘으신 분도 하셨으니, 의지만 있다면 충분히 가능합니다. 그리고 내 이름으로 동화책을 출간하고 네이버에 작가로 인물 등록을 하면 퍼스널 브랜딩에도 도움이 되고, 공공기관에 강사로 지원할 때도 확실한 경쟁력이 있습니다.

그러니 꼭 도전하여 수익화를 이루길 바랍니다. 청출어람(靑出於藍)의 마음가짐으로 저를 뛰어넘는 AI 동화책 강사로 거듭난다면 너무나 기쁠 것입니다.

컬러링북

컬러링북(색칠 공부) 역시 교육적인 콘텐츠이지만, AI 동화책보다는 쉬운 편입니다. 컬러링북을 만들기 위해서는 주제를 정하는 것이 좋습니다. 어린이들이 좋아할 만한 주제가 무엇인지 챗GPT에 물어보기로 하겠습니다.

> 어린이집이나 유치원생 어린이들을 위한 컬러링북(색칠공부)를 만들고 싶어. 아이들이 좋아하고 교육적인 주제 5개를 제안해 줄래?
>
> ⊕ 어린이집이나 유치원생을 위한 컬러링북을 제작하신다니 멋진 일입니다! 교육적이면서도 아이들이 즐겁게 색칠할 수 있는 주제 다섯 가지를 제안드리겠습니다:
>
> 1. **동물의 왕국**: 다양한 동물들이 서식하는 환경을 배경으로 하여, 사자, 코끼리, 기린, 펭귄 등 여러 동물들을 소개합니다. 각 동물의 특징을 간단한 문구로 설명해주어 아이들이 동물과 그들의 서식지에 대해 배울 수 있게 해줍니다.
>
> 2. **우리 몸 알아보기**: 인체의 주요 부분을 크게 그려서 아이들이 각 부분을 색칠하면서 배울 수 있게 합니다. 예를 들어, 뇌, 심장, 뼈 등의 중요한 기관을 쉽게 이해할 수 있도록 도와줍니다.
>
> 3. **식물의 세계**: 꽃, 나무, 과일, 채소 등 다양한 식물을 소개하고, 식물이 자라는 과정(씨앗에서 싹 트기, 자라기)을 단계별로 보여줍니다. 아이들이 자연의 성장 과정을 이해하고 식물의 중요성을 배울 수 있습니다.

챗GPT가 각기 다른 주제를 제안해 주었네요. 1번 '동물의 왕국'이 가장 마음에 들어 이것으로 하겠습니다. 컬러링북 주제와 세부 동물의 이름이 나왔으니, 이제 미드저니에서 그림을 만들면 됩니다.

프롬프트에 넣은 명령어는 다음을 참고하여 주시기를 바랍니다.

"coloring book for kids, A lion rests under the shade of an acacia tree on the African savannah, kawaii, cartoon style, low detail, thick lines, no shading —ar 9:11 —s 100 —v 5.2 (v6, niji 5, niji 6)"

동물의 왕국이 좋겠어. 동물 30개의 이름을 한국어와 영어로 알려주
고 각 동물이 서식지에 있는 장면을 영어로 간단히 써줘.
지금 번역하기

⑮ 아이들이 즐겁게 배울 수 있는 동물의 왕국 컬러링북을 위해 30가지 동물의 이름과 각각의 특징을
한국어와 영어로 설명하겠습니다. 이 설명들은 동물들이 자연 서식지에서의 모습을 간단히 묘사합
니다.

1. 사자 (Lion) - "A lion rests under the shade of an acacia tree on the African savannah."

2. 코끼리 (Elephant) - "An elephant uses its trunk to gather food in the dense African jungle."

3. 기린 (Giraffe) - "A giraffe reaches for the tallest branches of trees on the grasslands of Africa."

4. 호랑이 (Tiger) - "A tiger stealthily moves through the dense underbrush in an Asian forest."

5. 판다 (Panda) - "A panda chews bamboo ↓.ietly in a peaceful Chinese bamboo forest."

위와 같은 컬러링북 명령어 양식에 파란색 부분만 변경해서 넣어주면 됩니다. 생성된 그림이 복잡하다면 파란색 부분에 동물 이름만 넣어도 됩니다.

컬러링북은 세로가 길기 때문에 1:1이 아닌 9:11 비율로 하는 것이 중요합니다. S값(stylize) 수치를 너무 높이면 미드저니가 알아서 컬러를 추가한 그림이 나오니까, S값은 100이나 150으로 하는 것이 좋습니다. 다양한 버전으로 테스트하면서 가장 적절한 버전을 선택하여 진행합니다.

　　왼쪽이 프롬프트에서 파란색 부분을 모두 넣은 그림이고, 오른쪽이 Lion만 넣은 그림입니다. 어린이들이 색칠하기 쉬운 오른쪽 그림이 더 좋아 보여서 이것으로 하겠습니다.

　　이제 어린이들이 색칠할 때 참고할 수 있는 색이 들어 있는 그림을 만들어 보겠습니다. 미드저니로 생성한 컬러링북 그림을 다시 미드저니에서 컬러로 만들면 좋을 것입니다. 하지만 아직은 불가능합니다.

　　그렇다고 이걸 직접 색칠할 수는 없겠죠? 다른 AI 툴을 활용하여 색칠하면 됩니다.

네이버에서 제공하는 'Webtoon AI Painter'로 접속하여 로그인한 후, 좌측 상단에 있는 '채색하기'로 들어갑니다.

가운데에 보이는 '내 파일 업로드하기'를 눌러 색칠할 그림을 불러옵니다.

불러온 그림을 '채색하기'를 눌러 색칠합니다. 왼쪽에 보면 팔
레트가 있으니 여기에서 컬러의 톤을 조정할 수 있습니다.

사자 털색을 선택하여 몸통에 붓을 대고 터치했더니 알아서
색을 칠해 주었습니다. 다른 색상도 추가하고 싶다면, 팔레트에서
색상을 지정하고 원하는 곳에 붓을 터치하면 됩니다. 마음에 들지
않는다면 편집에 있는 'Undo'를 클릭하면 되돌아갑니다.

완성 후 저장하려면 하단의 '저장하기'를 클릭하여 'PNG로 저장하기'를 선택합니다.

어떤가요? 색칠한 그림이 함께 있으니 더 그럴듯해 보이지 않나요? 이런 식으로 왼쪽과 오른쪽 페이지에 그림을 각각 배치하여 컬러링북을 만듭니다.

저는 직업을 주제로 한 『장래 꿈과 마주하는 컬러링북』을 출간했습니다. 컬러링북도 종이책으로 출간해야 하기 때문에 종이책으로 만드는 과정과 표지 작업이 필요합니다. 이것도 'AI 동화책 과정' 영상에 모두 포함되어 있으니, 영상을 보며 따라 하시기를 바랍니다.

08

지식 창업의 디딤돌,
전자책 출간

PDF 전자책은 가장 대표적인 무자본 지식 창업이며, 전자책을 기반으로 확장할 수 있는 영역이 많습니다. 전자책은 워드나 한글만 다룰 줄 알면 제작이 가능하기 때문에 특별한 기술이 필요하지 않습니다.

또한 제작 기간이 짧고, 한번 만들어 놓으면 이후에는 주기적으로 조금씩 업데이트만 하면 됩니다. 인쇄물로 판매하는 것이 아니라 원가라는 게 없습니다(전자책 제작에 걸리는 시간도 돈으로 환산할 수 있지만, 여기서는 제외하겠습니다.).

사람들은 왜 전자책을 사는 것일까요?

다양한 이유가 있겠지만 가장 큰 이유는 '고민을 빨리 해결하고 싶어서', '시간 낭비 없이 바로 활용할 수 있는 방법을 알기 위해서'입니다. 따라서 팔리는 전자책의 주제를 정할 때는 다음 요건을 충족해야 합니다. 애써서 전자책을 완성했는데 아무도 사지 않으면 의미가 없으니까요.

팔리는 전자책의 주제 선정 요건

팔리는 전자책의 주제 선정 요건은 무엇일까요?

▸▸ 내 전자책은 누가 사는가?

▸▸ 구매자는 어떤 편익을 얻을 수 있는가?

▸▸ 나의 경험이 반영된 차별화 포인트가 있는가?

대상을 선정할 때는 쓰려고 하는 주제에 관해 문제를 겪고 해결을 원하는 단 한 사람으로 명확하게 지정하는 것이 좋습니다. '직장인 누구나'와 같이 대상을 너무 넓게 잡으면 그만큼 대상이 겪고 있는 문제도 많아집니다.

다음으로 구매자는 이미 자신이 어떤 문제를 겪고 있는지 알고 있기 때문에 이를 해결하기 위해 전자책을 구매하는 경우가 많습니다. 따라서 구매자에게 편익(해결책)을 제공해 주어야 합니다.

마지막으로 나의 경험이 녹아 있어야 차별화가 되며, 그 경험을 증명할 수 있어야 구매자에게 신뢰를 줄 수 있습니다.

아직 막막한 분들을 위해 잘 팔리는 전자책 주제에 대한 예시를 말씀드리겠습니다.

- **금전적 이익** SNS 수익화(블로그·인스타그램·유튜브), 스마트스토어, 해외구매대행, 중고 거래(당근마켓 등), 절약 노하우(가계부), 주식 투자(국내·해외), 부동산 투자(경매, 청약, 갭투자 등), 가상화폐, 앱테크, 오픈톡방 운영
- **자기계발·취업** 시간 관리, 독서, 글쓰기, 책 쓰기, 면접·취업 노하우, 외국어, 자격증 취득 비법, 마인드셋, 명상, 동기 부여, 노션 사용법, 칼퇴하는 엑셀·파워포인트, 프리젠테이션·기획서 작성법
- **미용·건강** 병을 이겨낸 노하우, 다이어트 비법, 건강 식단, 혼밥 식단 노하우, 운동법(대학생, 직장인, 노년층), 피부 관리, 젊어 보이는 화장법
- **취미·반려동물** 와인, 캠핑, 낚시, 등산, 여행, 사진, 자전거, 독서 모임, 반려동물 건강
- **시간 절약** 각종 템플릿(디자인, 엑셀, PPT, 인스타그램), 잘 팔리는 상세 페이지 정리, 국내 및 해외여행 맛집 및 기간별 코스 가이드, 최신 출판사 정보

▸▸ **가정·집안일** 주방·욕실 청소, 옷장 수납·정리, 냉장고 음식
　　보관·정리·초간단 냉파, 요리 꿀팁, 셀프 인테리어
▸▸ **인간관계** 가족, 친구, 연애, 호감을 주는 대화법, 소개팅에
　　서 좋은 결과를 이끄는 비결, 직장에서의 관계 대처법

　위의 예시 중 팔리는 전자책 주제 선정 요건 세 가지에 충족하
는 자신만의 주제가 있다면 바로 도전하시기를 바랍니다.

전자책 목차 및 작성 노하우

　주제를 선정했다면 이제 본격적으로 전자책을 작성합니다.
우선 목차를 구성하는 것이 중요한데요. 목차는 전자책의 설계도와
같습니다. 설계도가 있어야 제대로 된 위치에 땅을 파고 골조를 세
워 온전한 건물을 완성할 수 있는데, 바로 이 설계도에 해당하는 목
차가 없다면 중구난방이 되기 쉽습니다. 만약 목차 기획이 어렵다
면 벤치마킹 도서를 5~10권 찾아보세요. 전자책도 좋고, 종이책도
좋습니다. 전자책이라면 크몽, 클래스101 등의 사이트에서, 종이책
이라면 온라인 서점에서 검색하여 확인할 수 있습니다.

　다만 전자책과 종이책의 목차는 구성이 비슷해도 표현 방법
은 다를 수 있는데요. 제가 느낀 바로는 PDF 전자책은 목차에 후킹

이나 자극적인 표현이 들어간다는 특징이 있었습니다. 만약 벤치마킹 도서를 종이책으로 선정했다면, 목차의 구성을 참고하여 전자책에 맞는 표현으로 바꾸는 방법도 있습니다. 챗GPT를 활용하는 것도 좋습니다. 이렇게 벤치마킹 도서의 목차를 참고하여 나만의 목차를 구성할 수 있습니다. 다만 어디까지나 참고는 참고일 뿐, 그 목차를 똑같이 쓰면 안 됩니다.

목차를 완성했다면 이제 살을 붙여가듯 본문의 내용을 구성합니다. 목차가 완성되면 이미 절반 이상은 쓴 것과 다름이 없습니다. 글쓰기가 어렵다고 너무 걱정하지 말고 '목차'라는 가이드가 있으니, 그에 맞춰 자신의 사례와 노하우 위주로 작성하면 자연스럽게 써 내려갈 수 있습니다.

전자책을 반드시 써야 하는 이유

전자책은 확장할 수 있는 영역이 많다고 했었죠? 이제부터는 구체적인 저의 사례를 말씀드리겠습니다. 저는 생존 절약으로 3년간 1억 1천만 원의 대출을 상환했던 경험을 토대로 절약 방법, 가계부 쓰기, 부자 마인드를 다루는 짠테크 관련 70페이지 분량의 PDF 전자책을 출간했습니다. 그리고 이후에 N잡과 미국 주식 내용을 추가하여 111페이지로 늘려 업데이트했습니다.

전자책을 완성하고 출간 기념으로 크몽, 클래스101에 등록하기 전 나눔 이벤트를 했는데 당시 이웃이 1,000명이 채 되지 않았음에도 댓글이 300개 넘게 달렸습니다.

어려웠던 사연을 솔직히 오픈한 후, 이를 어떻게 극복했는지에 대한 글을 보고 희망과 용기를 얻었다는 댓글을 많이 받아서 저역시 보람 있고 기뻤습니다.

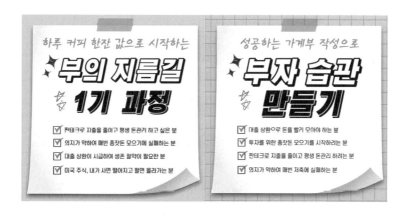

전자책 나눔과 더불어 돈 모으기와 경제 공부를 병행하는 무료 스터디 모임을 기획했는데, 생각보다 반응이 좋았고 참여하고 싶다는 요청이 많았습니다. 그래서 이를 확장하여 온라인 무료 및 유료 강의를 진행하기도 했습니다. 전자책의 목차와 내용을 요약하여 PPT로 만들면 좋은 강의안이 됩니다.

온라인 강의 경험을 바탕으로 공공기관에서 '생활 속 경제 공부'를 주제로 오프라인 강의도 할 수 있었습니다. 이뿐만이 아닙니다.

전자책 내용을 블로그에 포스팅했는데, 30만 재테크 카페의 대표님께서 블로그를 보고 연락을 주셨습니다. 그래서 카페 칼럼니스트로 활동할 수 있었고, 회원분들께 도움이 되는 가계부 프로젝트를 진행하기도 했습니다.

이처럼 PDF 전자책을 출간했을 뿐인데 전자책으로 인연을 맺어 다양한 비즈니스로 연결되고, 자연스럽게 수익화 영역도 확장할 수 있었습니다. 지금 집필하고 있는 이 책의 원고도 전자책에 그 뿌리를 두고 있습니다.

사실 저 역시 '내가 무슨 전자책을 써, 그리고 쓴다 한들 이걸 누가 사주기나 할까?' 하는 걱정과 두려움이 있었습니다. 하지만 '그래, 따로 돈 들어가는 것도 아닌데 한번 해보자'라는 결심으로 시작한 것이 오늘날의 저를 만들어 주었다고 해도 과언이 아닙니다. 제가 그랬던 것처럼 비록 초보라 할지라도 '초보가 왕초보에게 알려주는 콘셉트'로도 충분히 작성할 수 있으니, 망설이지 말고 꼭 실행하여 완성하시길 바랍니다.

09

지식 창업의 꽃, 강의

　이번 챕터에서는 '지식 창업의 꽃'이라 할 수 있는 강의에 대해 알아보겠습니다. 그만큼 강의는 수익과 퍼스널 브랜딩이라는 '두 마리 토끼'를 잡을 수 있는, N잡에서 가장 중요한 분야 중 하나입니다.

　앞에서 PDF 전자책 출간 후 강의로 확장한 제 사례를 소개했는데요. 전자책과 강의는 서로 밀접한 관계에 있습니다. PDF 전자책을 기획할 때 '목차'는 건축 설계도와 같다며 그 중요성을 강조했습니다.

　잘 짜인 전자책 목차는 '강의 커리큘럼'이 됩니다. 그리고 전자책의 목차와 핵심 내용을 요약해서 PPT로 바꿔주면 바로 '강의 교안'이 됩니다. 또한 전자책의 문어체를 구어체로 바꿔 조금 더 살을 붙이면 '강의 내용'으로 활용할 수 있습니다.

이렇게 일석이조, 일석삼조의 효과를 볼 수 있으니 PDF 전자책을 출간했다면 반드시 강의까지 연결하는 것을 추천합니다.

유료 강의가 부담된다면 무료 강의부터

만약 처음부터 유료 강의를 오픈하는 것이 부담된다면 무료 강의부터 시작하는 것도 좋은 방법입니다. 유료 강의가 실제 시험이라면, 무료 강의는 모의고사와 같습니다. 모의고사를 통해 틀린 문제를 파악하고 보완하며 실제 시험에 대비하는 것처럼, 무료 강의를 하면 내가 무엇이 부족한지, 어떤 부분을 보완해야 하는지 알 수 있습니다.

하지만 무료 강의라고 할지라도 신청자들이 '우와! 무료 강의에서 이런 것까지 알려주면 유료 강의는 얼마나 수준 높고 특별한 내용이 있는 거야?'라고 느낄 수 있도록 가치 있는 정보를 주어야 합니다. 인터넷만 검색해도 누구나 얻을 수 있는 정보를 무료 강의에서 다루고, 알짜배기는 유료 과정을 신청해야 알려 준다고 하면 오히려 역효과만 초래하게 됩니다.

저는 강의 콘텐츠에 따라 조금씩 다르지만, 'AI 동화책' 무료 강의에서는 AI로 동화책을 만드는 전체적인 프로세스, 챗GPT로 스토리 기획하기, 미드저니 기초 활용법을 다루었습니다.

무료 강의를 시작할 때 오늘 강의는 AI 동화책에 대한 전반적인 이해에 초점이 맞춰져 있고, 출간에 필요한 핵심 기능에 관해 설명할 부분이 많지만 2시간에 모든 것을 담기는 어렵다고 설명합니다. 하지만 무료 강의에서 다루는 부분만 이해해도 전체 프로세스를 알고 있기 때문에 큰 도움이 될 것이라고 언급합니다.

강의 마지막에는 저도 누구에게 배워서 한 것이 아니라 혼자 책도 보고, 유튜브도 찾아보며 AI 동화책을 출간했기 때문에 무료 강의 내용만 알아도 시간과 노력을 들이면 혼자서도 해낼 수 있다고 자신감을 불어넣어 줍니다. 실제로 이런 이야기를 통해 저에 대한 신뢰가 생겼다는 피드백을 받기도 했습니다.

강의 후기는 필수

이렇게 강의를 진행했다면 후기를 받는 것이 중요합니다. 우리가 네이버나 쿠팡에서 물건을 구매할 때 무엇을 참고하죠? 바로 후기입니다.

예를 들어 미니 진공청소기를 산다고 할 때 A라는 브랜드의 청소기는 2만 원인데, '써보니 너무 시끄럽다, 불편하다, 반품하고

202 돈 공부의 힘

싶지만 귀찮아서 그냥 쓴다' 등의 부정적인 후기가 대다수이고, B라는 브랜드의 청소기는 2만 2,000원으로 10% 비싸지만, '조용하면서 흡입력도 좋다, 손잡이가 편하다, 친정엄마 드리려고 추가 구매했다' 등의 긍정적인 후기가 많다면, 여러분은 A와 B 중 어느 브랜드를 선택하시겠어요?

이렇듯 2만 원짜리 청소기도 구매할 때 후기를 중시하는데, 고가의 지식 상품인 강의는 더 말할 것도 없습니다. 하지만 무작정 후기를 요청하는 것보다는 작은 혜택이나 선물을 제공하면 더 좋습니다. 참고로 저는 가계부 강의는 전자책의 일부를 소책자로 만든 자료를, AI 동화책 강의는 교안을 후기 선물로 제공하고 있습니다.

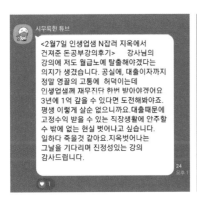

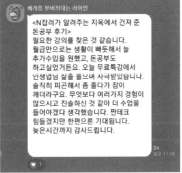

수강생들의 만족도가 높고 후기가 많아질수록 저 역시 보람을 느끼고, 향후 강의를 보완하고 방향성을 잡는 데에도 많은 도움이 됩니다.

유료 강의 오픈

무료 강의를 통해서 개선점을 보완하고 자신감을 얻었다면, 이제부터는 본격적으로 유료 강의를 시작할 때입니다. 강의는 방식에 따라 크게 오프라인 강의와 온라인 강의로 나눌 수 있습니다.

오프라인 강의

가장 전통적인 방식으로 특정 공간에 수강생을 모아 강의를 진행하는 것입니다. 수강생 입장에서는 현장까지 가야 하는 수고로움이 있고, 강사 입장에서는 수강생 수에 맞는 공간의 강의실 대관, 설비시설 확인 등 점검할 사항이 많습니다. 하지만 강사와 수강생이 서로 눈을 마주 보며 쌍방향 소통이 가능하기 때문에 분위기, 호응, 집중도 등을 보며 현장의 열기를 바로 느낄 수 있다는 장점도 무시할 수 없습니다.

저는 2022년 4월 경상북도에서 첫 오프라인 강의를 진행했는데요. 강의가 9시 30분부터 시작이라 당일에 내려가는 것은 불가능하여 전날 퇴근하고 바로 기차를 탔습니다.

비즈니스호텔에 도착하니 밤 10시가 훌쩍 넘었더라고요. 자정이 넘은 시간까지 강의 리허설을 하고 새벽에 일찍 일어나 리허설을 또 하고 9시에 호텔을 나서 강의장으로 향했습니다.

9시 30분, 드디어 담당자님의 소개와 함께 저의 첫 오프라인 강의를 시작했는데 초반 2~3분이 왜 이리 긴장이 되던지요. 리허설을 3회 이상 하며 준비를 철저히 했다고 생각했는데 갑자기 머릿속이 하얘지고 목소리는 떨리고…….

그런데 이게 웬일인지 강의 시작 시 담당자님께 제가 직장인이고 첫 오프라인 강의를 위해 전날 밤에 도착했다는 것을 들은 수강생분들이 주먹을 쥐고 "떨지 마! 괜찮아!"를 외치며 용기를 북돋아 주시는 게 아니겠어요? 그 격려 덕분에 긴장을 풀고 강의에 집중하여 제가 가진 기량을 한껏 발휘할 수 있었습니다.

강의를 마치고 집에 도착하니 거의 7시가 되었습니다. 전날 퇴근 직후부터 오프라인 강의에 다녀오기 위해 이동 시간, 숙박 등 24시간을 썼습니다. 하지만 현장의 열기를 직접 느껴 보니 훨씬 더 큰 보람과 가치가 있었습니다.

온라인 강의

온라인 강의는 줌, 구글 미트, 웹엑스 등 다양한 온라인 화상 프로그램을 활용해서 진행합니다. 물론 오프라인 강의처럼 현장감을 직접 느낄 수는 없습니다. 하지만 비디오, 오디오를 통해 실시간 소통을 할 수 있고, 인터넷만 가능하면 언제, 어디서든지 수강이 가능하다는 큰 장점이 있습니다.

코로나 이전에 거의 모든 강의는 오프라인 위주였으나, 코로나로 대면 활동이 불가능해지면서 '랜선 집들이', '방구석 독서' 등 온라인 모임이 활발해지기 시작했습니다. 자연스레 비대면으로도 충분한 소통이 가능하다는 것을 인지하면서, 이를 계기로 강의 시장도 현재는 온라인이 주류로 자리 잡았습니다.

저도 온라인 강의를 진행하면서 미국, 캐나다, 프랑스, 노르웨이, 일본, 중국, 베트남 등의 세계 각지의 수강생분들과 인연을 맺을 수 있었는데요. 물론 사는 지역의 시차가 있어 어느 분은 새벽, 또 어느 분은 한밤중이 되겠지만, 기술의 발달로 예전 같으면 상상도 못 했던 일들이 현실 세계에서 펼쳐지고 있습니다.

온라인 강의는 다시 두 가지로 나눌 수 있습니다. 첫 번째는 온라인에서 실시간으로 하는 강의입니다. 실시간으로 진행하니 수강생은 정해진 시간에 온라인에 접속해야 하는데 생업, 급한 스케줄 등으로 참여가 어려운 분들은 강의를 들을 수 없게 됩니다.

이런 점을 보완하기 위해서 실시간 온라인 강의를 녹화하여 강의가 끝나면 바로 제공합니다. 그렇게 되면 비록 실시간 강의에는 참여할 수 없더라도 바로 녹화본으로 강의를 듣고 궁금한 사항은 문의하며 진도를 나갈 수 있습니다. 저 역시 실시간 강의가 끝나면 30분 내로 녹화본을 업로드하여 제공하고 있습니다.

두 번째 방식은 바로 녹화본을 활용한 VOD 강의입니다. 촬영한 강의 영상을 클래스101, 클래유, 라이브클래스, 크몽 등의 플랫폼에 입점하여 등록하면, 수강생은 본인이 원하는 시간과 장소에서 들을 수 있습니다. 이는 강사 입장에서도 촬영한 강의 영상을 한 번 업로드해 놓으면 직장에서 일할 때도, 잠잘 때도, 휴가를 가서도 수입이 창출되니 상당히 매력적이라 할 수 있습니다.

온라인 강의 플랫폼의 수수료는 30~50%이며, 강사가 지원하는 방법과 플랫폼 담당자에게 제안을 받는 방법이 있습니다. 다만 크몽은 별도의 심사 없이 등록 가능하며, 주문이 들어오면 별도의 VOD 파일을 주문자에게 보내 주면 됩니다. 저는 라이브클래스와 크몽에 등록했는데 이후 클래스101, 클래스유를 비롯한 다른 온라인 플랫폼에도 도전해 보려고 합니다.

강사는 정년퇴직이 없다

제가 부업으로 강의를 하며 느낀 가장 큰 장점은 강의는 하면 할수록 내공이 쌓이게 된다는 것입니다. 뒤처지지 않기 위해 계속 새로운 것을 배우고 연구하기 때문에 갈수록 레벨이 올라갑니다.

회사는 시간의 문제일 뿐 언젠가는 떠날 수밖에 없습니다. 하지만 강사는 다릅니다. 강의 노하우가 축적될수록 해당 분야에서 전문 강사로 자리매김할 수 있습니다. 이는 퍼스널 브랜딩에도 매우 효과적이며, 브랜딩이 되면 몸값도 올라가고 나이가 들어도 지속적으로 할 수 있습니다.

그렇다고 지금 다니는 직장을 당장 그만두고 전업 강사가 되라는 것은 아닙니다. 본업을 유지하면서 언젠가 다가올 '인생 2막'을 위해 지금부터 준비하자는 것입니다.

저 또한 그런 마음으로 강의를 시작했고, 나이가 들어도 할 수 있는 지속 가능한 콘텐츠 계발을 위해 공부하며 애쓰고 있습니다. 한 분야의 전문가가 아니어도, 고학력자가 아니어도 괜찮습니다. 지금 여러분에게 필요한 것은 바로 '나도 할 수 있다'는 자신감과 실행력입니다.

10

지식 창업 반년 만에
월천대사로 만들어 준 멘토

지금까지 직장을 다니면서 부업으로 할 수 있는 다양한 지식 창업 콘텐츠를 다루었습니다. 저는 2023년 초에 본격적인 지식 창업을 시작했고, 반년이 지난 가을 무렵에 부수입 1,000만 원을 넘겼습니다. 저도 강의로 꽤 많은 금액을 썼지만, 대부분은 수익으로 연결하지 못했습니다. 실제로 해보니 저와 맞지 않는 부업도 있었고, 제가 너무 초보라 따라가지 못했던 것도 있었습니다.

물론 고가의 맞춤형 강의나 컨설팅을 신청할 수도 있습니다. 그러나 수익화가 될지 안 될지도 모르는 상황에서 무작정 큰 비용을 투자할 수도 없고, 한 달 한 달의 생활비가 빠듯한 상황이라면 그 부담은 더욱 클 수밖에 없습니다. 저는 이것을 활용하면서 내가 할 수 있는 콘텐츠와 할 수 없는 콘텐츠를 알 수 있었고, 할 수 있는 쪽에 집중하여 성과를 얻을 수 있었습니다. 이제부터는 제 실제 사례를 들어 설명하겠습니다.

한 달 1만 3,300원으로 만나는 다양한 분야의 멘토

CLASS101+
https://class101.net › intro ⋮

CLASS101+ | 세상의 모든 클래스를 하나의 구독으로
5300개 이상의 **클래스**로 일러스트, 공예, 코딩, 부업, 주식까지 세상의 모든 분야를 배워보세요.

저는 클래스101을 연간 구독하고 있습니다. 구독 기능이 없을 때는 강의 하나만 들어도 20만 원이 넘기 때문에 비용이 부담스러웠습니다. 하지만 정기 구독을 하면서 개별 구매를 제외한 모든 강의를 들을 수 있었습니다.

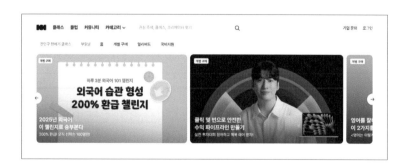

처음에는 1만 9,000원에 월간 구독을 할 수 있었는데, 현재
는 연간 구독만 가능합니다. 2023년에는 연간 구독료가 19만 9,000
원이었지만, 2024년에 갱신하면서 14만 원 할인쿠폰을 받아 15만
8,800원을 결제했습니다.

14만 원 구독지원금은 신규와 갱신 모두 지급하니, 그냥 그 금
액만큼 할인을 해준다고 보면 될 것 같습니다. 또한 4명이 함께 사
용하는 프리미엄 플랜을 이용하면 인당 금액이 7,000원이 채 안 됩
니다. 마치 제가 클래스101을 홍보하는 것처럼 생각하실 수도 있는
데 전혀 이해관계가 없으니, 오해는 마시기를 바랍니다.

어학 전공자에서 명함, 로고 디자이너로

어학 전공자인 제가 명함, 로고 디자이너로 탄생한 비결은 바로 여기에 있습니다. 당시 저는 고가의 강의를 수강했음에도 전혀 성과를 얻지 못했습니다.

사실 제 역량 부족이 컸다고 볼 수 있습니다. 돌이켜 생각해 보면 그 강의는 최소한 초급 수준을 넘은 사람들이 들어야 했는데, 저는 왕초보라도 열심히 듣고 따라 하면 무조건 수익이 있을 것이라 큰 착각을 했습니다. 하지만 바로 현실의 벽에 막혔고, 자포자기하려 할 때 클래스101의 정기 구독을 접하고 너무 기뻤습니다.

당시 저에게 가장 필요한 기능은 일러스트의 기본기였습니다. 일러스트를 검색해서 저에게 맞는 강의를 찾아 들었는데 디하라 강사님과 디니 강사님의 강의가 큰 도움이 되었습니다.

한 달이 지나자 명함을 만들 수 있었습니다. 이때 명함과 함께 로고까지 만들어 판매하면 좋겠다는 아이디어가 떠올랐습니다.

로고 강의는 위드로고 강사님 강의가 탁월했습니다. 다양한 로고 스타일과 예제를 따라서 만들기만 해도 실력이 팍팍 느는 것을 느꼈어요. 그리고 줄리엣킴 강사님 강의는 디자인 전반을 이해하는 데 많은 도움이 되었습니다.

로고 강의를 듣고 제가 따라 만든 로고입니다. 왼쪽이 헤어샵 "Volume Magic", 오른쪽이 네일샵 "The More Beauty"입니다. 하지만 저만의 스타일을 개발하기 위해 고민하고 연습했습니다.

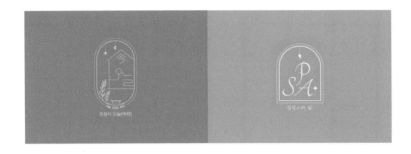

크몽을 검색했더니 감성 로고 판매자는 거의 없었고, 감성 로고는 일반 로고보다 비싼 가격에 판매되고 있었습니다. 이에 저는 콘셉트를 감성 로고로 정하고 실력을 키우기 위해 계속 연습했습니다. 물론 초반에는 부자연스럽고 어색한 디자인이 많았습니다.

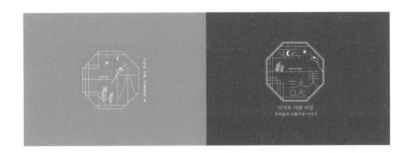

하지만 노력에 노력을 거듭하니 차차 실력이 향상되었습니다. 저는 한자를 활용한 로고를 많이 만들었는데, 저도 마음에 들었고 반응도 괜찮아서 로고 콘셉트로 정했습니다. 이렇게 클래스101 강의를 통해 어학 전공자인 제가 명함, 로고 디자이너로 거듭날 수 있었습니다.

강의 벤치마킹

2023년 초여름 공공기관에서 돈 공부 관련 주제로 오프라인 강의를 진행했고, 평생교육 프로그램 강사로 지원하여 선정된 적이 있습니다.

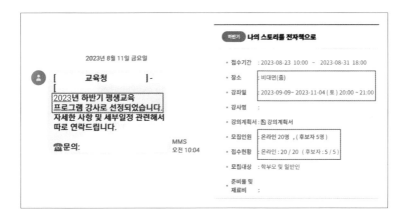

당시 강의 주제는 '전자책 출간'이었는데요. 전자책 강의는 보통 기간을 4주로 진행하는데 이번에는 8주로, 전자책 강의로는 다소 길었습니다.

저는 전자책을 출간한 적은 있지만, 전자책 출간에 대한 강의를 한 경험은 없었습니다. 강의를 진행할 수 없는 것은 아니었어도, '어떻게 하면 더 잘할 수 있을까.' 고민하다가 클래스101에서 비슷한 강의를 검색하여 벤치마킹했습니다.

사실 전자책 출간 관련 주제는 이미 몇 년 전부터 많은 강의가 있었고, 기본적인 프로세스가 같아서 커리큘럼도 비슷합니다. 몇 개의 강의 커리큘럼을 비교해 보니 모두 빼놓지 않고 다루는 부분이 있어 그것은 필수로 넣었습니다.

또한 전체적인 구성을 참고하되, 저만의 스토리텔링을 추가하고 차별화하여 8주 커리큘럼과 강의안을 만들어 성공적으로 마칠 수 있었습니다.

"If you steal from one author it's plagiarism if you steal from many it's research."(한 작가로부터 훔치면 표절이지만, 많은 작가로부터 훔치면 연구이다.)

미국의 극작가인 윌슨 미즈너(1897~1933)의 명언처럼 말입니다.

전자책 강의를 마친 저는 확장 전략의 일환으로 종이책 자가 출판 강의를 기획했습니다. 기획 출판은 일반적으로 출판사와 계약하여 진행하게 됩니다.

이와달리 자가 출판은 '주문형 출판(POD, Publishing On Demand)'이라고 하며, 주문 후 인쇄하여 배송하는 시스템이어서 재고 부담이 없을뿐더러, 출간까지 전혀 비용이 들지 않습니다. 즉, '0원'으로 내 책을 출간할 수 있습니다.

자가 출판은 출판 기획에서 원고 작성과 편집은 물론이고 전체적인 디자인과 교정 및 검수까지 스스로 진행하여 자가 출판 플랫폼에 등록하면 유통과 판매를 해주는 프로세스입니다. 바꾸어 말하면 유통과 판매를 제외한 모든 것을 작가 스스로 해야 한다는 의미입니다.

이 프로세스 중에서 저는 '표지 디자인'에 관해 제대로 배워보고 싶었고, 이를 강의에도 반영하고자 했습니다. 이번에도 클래스101에서 출판 관련 강의를 검색하여 인디자인을 활용한 표지 디자인을 배울 수 있었습니다. 그리고 강의를 오픈하여 총 열 명의 수강생이 등록을 했습니다.

하지만 곧 또 다른 고민이 생겼습니다. 인디자인은 포토샵, 일러스트와 같이 어도비에서 개발한 출판 및 편집 프로그램입니다. 유료 프로그램이기 때문에 별도의 비용이 들어가고 인디자인으로 표지 디자인을 하려면 필수 기능을 배워야만 합니다. 수강생 대부분이 4060인 상황에서, 그 기능을 배우다가는 정작 표지도 못 만들고 책 출간도 못할 것 같았습니다.

어떻게든 책을 출간하는 것이 강의의 목표였습니다. 그래서 커리큘럼을 수정하여 인디자인 파트를 삭제하고 다른 것으로 대체했습니다.

캔바를 활용한 AI 동화책 표지

저는 AI 동화책을 출간할 때 캔바를 활용하여 표지 디자인 작업을 한 적이 있습니다. 캔바 기능을 알려 주고 표지를 만드는 것은 1시간이면 충분합니다.

또한 캔바 무료 버전에서도 표지 만들기가 가능합니다. 별도의 비용이 들지 않는다는 것도 큰 장점이라서 인디자인을 캔바로 대체했습니다.

그럼에도 불구하고 '표지 만들기'는 책 출간 프로세스 중에서 가장 어려운 파트였습니다. 혼자 표지 만드는 것이 어려운 분들은 제가 캔바로 책등 사이즈(책 두께)를 감안한 표지 기본 템플릿을 만들어 링크를 전달하고, 남은 디자인은 스스로 완성하여 책을 출간할 수 있었습니다.

내가 할 수 있는 콘텐츠인지 맛보고 결정하기

정기 구독을 한 후 개별 구매가 아닌 강의는 모두 수강할 수 있었습니다. 그러니 부업으로 관심 있고 도전하고 싶은 분야가 있다면 해당 강의를 듣고 내가 할 수 있는지를 파악했습니다.

저의 첫 부업은 앞에서 이야기했듯이 해외구매대행이었습니다. 그래서 관련 프로세스를 잘 알고 있었기 때문에 이번에는 한국 상품을 해외 소비자에게 판매하는 역직구 구매대행을 하면 어떨지 생각하고, 동남아(쇼피)와 일본(큐텐)에 판매하는 쪽으로 방향을 잡았습니다.

하지만 과연 내가 할 수 있을 것인지를 파악하고자 해외 역직구 강의를 검색하여 수강했는데요. 강의를 들어 보니 쇼피(글로벌 오픈 마켓으로 싱가포르, 말레이시아, 베트남, 필리핀, 대만, 태국, 브라질, 멕시코

에서 운영)와 큐텐(일본 오픈 마켓)은 한국에 자체 물류센터가 있는데, 셀러가 상품을 포장이 완료되어 스캔할 수 있는 상태로 직접 국내 물류 집하지까지 배송해야 했습니다. 또한 주문을 받은 후 영업일 기준 2일 내에는 제품을 출고해야 하는 규정이 있는 것을 알았습니다.

중국 구매대행은 주문이 오면 중국 사이트에서 해당 상품을 주문하는 방식이라 재고의 부담이 없었습니다. 역직구는 상품을 확보하지 않은 상황에서 영업일 2일 내 배송하는 것은 현실적으로 어려워 보였습니다. 쿠팡 새벽배송을 활용하는 것도 고려했으나, 상품의 가격 경쟁력과 차별성이 없었어요.

결국 괜찮은 상품을 소싱 및 사입하여 재고로 보유하고 주문이 들어오면 보내는 구조라야 영업일 2일 내 배송이 가능했습니다. 하지만 어떤 상품이 동남아와 일본에서 인기 있는지도 파악하지 못한 상황에서 돈을 들여 재고를 보유하기에는 무리가 있었습니다. 또한 모두 개별 포장을 한 후 라벨을 출력하여 출고해야 하기 때문에, 예기치 못한 야근과 출장의 가능성이 있는 제가 하기에는 적합하지 않다고 판단하여 역직구는 시작하지 않았습니다.

이번에는 또 다른 사례입니다.

한번은 '짠테크'는 재미없고 딱딱한 주제이니, 이걸 인스타 웹툰으로 풀어내면 좋겠다는 아이디어가 떠올랐습니다. 인스타그램을 찾아보니 팔로워가 몇만이나 되는 크리에이터가 꽤 있어서 수요는 있다고 봤습니다. (단, 재미있고 유익할 경우에 그렇다는 말입니다.)

디지털 드로잉 강의를 검색한 후 비교적 익살스럽고 귀엽고 초보자인 제가 그리기도 쉬워 보이는 강의를 수강했는데요. 귀찮 강사님께서 정말 쉽고 재미있게 잘 가르쳐 주셨습니다. 그렇지만 이건 도저히 제가 연습한다고 될 것 같지 않았습니다. 명함, 로고와는 또 다르더라고요.

'아, 역시 나는 그림에는 정말 소질이 없구나.'

그러고는 바로 접었습니다.

앞의 두 가지 사례에서 알 수 있듯이 우선 강의를 들으며 내가 할 수 있는 콘텐츠인지 여부를 파악하니 시간과 돈을 절약할 수 있었고, 아닌 것은 빨리 내려놓고 할 수 있는 것에 집중할 수 있어 효과적이었습니다. 만약 정기 구독이 없었다면 비싼 강의를 수강한 후에나 알 수 있었거나, 아니면 할까 말까 결정은 못 하고 아쉬움만 남은 채 계속 시간이 지났을 겁니다.

개별 강의를 구매해도 보통 20만 원이 넘습니다. 그런데 1년 정기 구독으로 16만 원도 안 되는 금액에 다양한 분야의 강의를 들을 수 있으니 이 점이 아주 매력적이었습니다. 비록 초급 수준의 강의가 대부분이라는 한계는 있지만, 우선 이런 방법으로 초급을 뛰어넘는다면 분명 다음에 나아가야 할 단계가 보일 겁니다.

만약 나만의 콘텐츠가 없다면 다양한 종류의 강의를 들어 보세요. 그리고 이건 내가 해볼 수 있겠다는 것을 찾아 도전해 보시기 바랍니다. 해당 강의만 제대로 소화해도 중급 이상의 레벨로 포지셔닝할 수 있습니다.

이왕 연간 구독을 했다면 자기계발과 수익화를 위해 많은 강의를 들어 봐야 합니다. 강의 한 편 완강하는 데 짧으면 5시간, 길면 15시간이 걸리는데요. 평균 10시간으로 잡아도 평일 하루 2시간씩 들어야 강의 한 편을 완강할 수 있는 분량입니다.

이것이 바로 퇴근 후 나와 선약을 하고 지켜야 하는 이유이기도 합니다. 해보시면 하루가 부족하고 일주일이 부족하지만, 분명 그 속에서 성장하고 있는 자신을 발견할 수 있을 것입니다.

11

무자본 창업 성공 필수 마인드

지금까지 지식 창업을 왜 해야 하는지, 지식 창업으로 부수입을 올릴 수 있는 콘텐츠에 대해 알아보았습니다. 하지만 지식 창업을 한다고 모두가 성공을 거두지는 못하는데요. 그렇다면 성공적인 지식 창업을 위해 가져야 할 마인드에 대해 알아보고자 합니다.

지인에게 조언을 구하지 않는다

우리는 새로운 것을 시작할 때 지인에게 조언을 구하는 경우가 많죠. 사실 이것은 정말 모르는 부분에 대한 정보를 얻기 위해서라기보다는 지인의 지지와 응원을 통해 우리의 결심을 확인받고자 하는 심리가 더 강합니다.

지인이 내가 하고자 하는 분야의 전문가라면 조언을 구하는 것은 당연히 유익할 수 있습니다. 자신의 경험과 지식을 바탕으로 현실적인 조언을 해줄 수 있기 때문이죠. 하지만 해당 분야의 지식과 경험이 없는 지인에게 지지를 받고자 조언을 구하는 것은 오히려 해로울 수 있습니다. 자신의 편견이나 잘못된 정보를 기반으로 조언할 가능성이 높고, 잘 모르는 분야이기 때문에 보수적인 관점에서 조언해 주기도 합니다. 만약 실패할 경우, "거봐, 내가 뭐라고 했어. 너를 생각해서 하지 말라고 했잖아!"라고 말입니다.

게다가 여러 지인의 조언을 듣다 보면 자신이 원래 가지고 있던 아이디어나 계획이 흐트러질 수 있습니다. 처음에는 분명한 목표와 계획이 있었더라도, 여러 의견을 듣다 보면 혼란스러워지고, 결국에는 아무것도 하지 못하게 될 수도 있습니다. 그것은 내가 하려고 하는 것에 대한 자신이나 확신이 없다는 방증이기도 합니다.

만약 10명의 지인에게 조언을 구했는데 9명이 하지 않는 것이 좋겠다는 조언을 했다면 시작하지 말아야 할까요? 그렇다면 그 9명의 지인은 해당 분야의 지식을 바탕으로 조언했을까요?

투자비가 들어가는 창업이면 신중에 신중을 기하는 것이 맞습니다. 하지만 지식 창업은 무자본이라는 큰 장점이 있기 때문에 저는 비록 실패를 하더라도 시도하는 것이 좋다는 의견입니다. 실패했다면 그 원인을 분석하고, 다른 지식 창업에 적용하여 도전하면 됩니다. 다만 내 결정에 대한 책임은 내가 진다는 마음을 갖고 시작하는 것이 중요합니다.

나만의 공간을 만들고 방해 요소를 제거한다

성공적인 지식 창업을 위해서는 집중할 수 있는 환경이 필요합니다. 우선 나만의 공간을 만들고 방해 요소를 없애 효율성을 높여 보세요.

나만의 공간을 만든다는 것은 단순히 책상과 의자를 마련하는 것 이상을 의미합니다. 내가 일하는 동안 최대한 방해받지 않고 집중할 수 있는 분위기를 조성하는 것이죠. 제 책상은 10년이 넘는 기간 동안 안방에 아내의 책상과 함께 나란히 있었습니다. 하지만 본격적인 자기계발과 부업을 하다 보니 아무래도 집중도가 떨어졌습니다.

이런 것을 아내도 알았는지 다른 방(주로 빨래를 널어놓는 방)으로 책상과 컴퓨터를 옮기라고 제안해 주었습니다. 이후 저만의 공간이 생기니 확실히 효율성이 향상되어 이전보다 많은 아웃풋을 내고 있습니다.

또한 집중이 필요한 시간에는 방해 요소들을 최대한 제거해야 합니다. 스마트폰이나 소셜 미디어는 가장 큰 방해 요소 중 하나이죠. 자기계발을 위한 독서를 하고 있는데 카톡이 울리면 확인하고, 강의 교안 만들다가 유튜브 알림 오면 쳐다보고, 집중해서 인터넷 강의 듣고 있는데 갑자기 친구에게 전화 오면 전화 받다가 10~20분 지나가 버린 경험이 누구나 있을 겁니다. 저도 그랬으니까요.

하지만 지금은 집중하는 시간에는 휴대전화는 무음으로 해놓고 제 주변에서 보이지 않게 합니다. 무음이더라도 주변에 있으면 자꾸 눈이 가고 휴대전화에서 노란 불, 파란 불이 깜빡거리면 손이 자동으로 가더라고요. 처음에는 눈앞에 휴대전화가 없으니 뭔가 불안하고 신경 쓰였는데 이제는 오히려 좋습니다.

몇 개월 전, 신문 기사를 읽은 적이 있는데요. 어떤 북카페에 들어가려면 반드시 휴대전화를 비롯한 전자 기기를 반납해야만 하는데, '디지털 단식'을 시도하려는 2030세대에서 폭발적인 인기를 끌고 있다는 내용이었습니다. 휴대전화에 신경을 안 뺏기니 쓸데없는 인터넷 쇼핑도 줄어들고, 몇 달간 미뤄만 뒀던 책을 포함해 한 달 만에 책 4권을 읽었다며, "시도 때도 없이 울리던 알림에서 해방되고 내가 하는 그 행위 자체에 몰입하니 정신이 맑아지는 기분"이라는 프리랜서의 인터뷰 기사를 보고 크게 공감을 했습니다.

늦은 완벽보다 빠른 완성이 먼저다

완벽함을 추구하는 것은 좋지만, 그것이 늦어지는 이유가 되어서는 안 됩니다. 우리는 완벽한 제품이나 서비스를 만들기 위해 많은 시간을 소비하고, 결국 시장에 출시하는 시기를 놓치는 경우가 많습니다. 하지만 완벽하게 하기보다는 빠르게 완성하여 시장에 내놓고, 고객의 반응과 피드백을 받아 가며 개선해 나가는 것이 훨씬 더 중요합니다.

빠른 완성을 통해 얻을 수 있는 또 하나의 장점은 경쟁 우위를 점할 수 있다는 점입니다. 시장은 빠르게 변화하고 있으며, 경쟁자들 역시 계속해서 새로운 제품과 서비스를 출시하고 있습니다. 완벽함을 추구하다가 출시 시기를 놓치게 되면, 경쟁자들에게 시장을 빼앗길 수 있습니다. 그러므로 일단 기본적인 기능을 갖춘 제품을 빠르게 출시하고, 이후에 지속적으로 개선해 나가는 것이 현명한 전략이라 할 수 있습니다.

이는 지식 창업에도 동일하게 적용할 수 있습니다. 제가 진행했던 AI 동화책 강의 사례를 말씀드리겠습니다.

AI 동화책 강의를 2023년 5월에 시작했는데, 사실 원래 기획했던 것은 다른 콘텐츠였습니다. 수요일 밤 9시에 특강을 앞두고 토요일 밤에 저를 초빙해 주신 대표님과 리허설도 잘 마쳤습니다. 하지만 일요일 아침에 기획했던 강의가 트렌드와 맞지 않는다고 판단해서 강의 주제를 바꿔야 하는 상황에 처했어요. 제가 1~2개월 전에 그 대표님께 요즘 AI로 동화책 만들기를 하고 있다는 이야기를 한 적이 있는데 그걸 기억하시고, AI 동화책 강의를 할 수 있겠냐고 제안을 주셨습니다.

그렇지만 저는 AI 동화책을 취미나 자기계발 같은 목적으로만 생각했지, 강의를 할 계획은 전혀 없었습니다. 여기서 중대한 결정이 필요했습니다. AI 동화책 특강을 하든지 아니면 특강을 포기하든지 말입니다.

잠깐 고민을 하고 나서 저는 이렇게 대답했어요.

"네, 남은 사흘간 잘 준비해서 AI 동화책 특강 하겠습니다."

과연 잘할 수 있을지 걱정이 되었지만 이번을 놓치면 다시는 저에게 기회가 오지 않을 것 같습니다. 그렇게 일요일 오전부터 부랴부랴 커리큘럼을 짜고 강의 교안을 만들기 시작했어요. 속된 말로 '맨땅에 헤딩'하며 일요일부터 화요일까지 매일 새벽 3시까지 열심히 준비했습니다.

제가 준비한 강의명은 'AI 동화책으로 아마존 작가 되기'였는데 문제가 있었습니다. 정작 특강을 하는 저는 아마존에 등록을 못 했다는 것이었어요. 결국 특강 전날 새벽까지 아마존에 동화책을 등록하고 최종적으로 강의안도 손봤습니다. 모든 것을 끝마치고 시계를 보니 5시였습니다.

1시간도 못 자고 출근하여 당일 저녁에 특강을 진행했는데 다행히 잘 마칠 수 있었습니다. 물론 수익도 있었습니다. 이를 계기로 저는 본격적인 '온라인 강의'라는 지식 창업의 세계로 들어서게 되었습니다.

당시는 AI 동화책 강의를 하는 강사가 거의 없었기 때문에 시장을 초기에 선점할 수 있었습니다. 이후 지속적인 개선을 통해 커리큘럼을 보강하며 11기까지 진행했습니다. 만약 그때 두려운 마음에 실력을 더 갖추고서 해야겠다며 도전하지 않았다면, 아마 지금까지도 계속 완벽만을 추구하며 시작하지 못하고 있을 겁니다.

여러분도 완벽을 추구하기보다는 50%, 아니 30%만 갖추었다면 일단 시작해 보세요. 세상에 완벽한 것은 없습니다. 다소 부족하더라도 실행하고 완성하여 전체 사이클을 제대로 경험해 보는 것이 중요합니다. 그러면 자연스럽게 내가 무엇을 보완하고 개선해야 하는지 보일 거예요. 그렇게 조금씩 자신만의 노하우를 쌓아 간다면 지식 창업의 고수로 성장할 겁니다.

부업 이야기는 회사에 하지 않는다

지금까지 직장을 다니며 할 수 있는 부업에 대해 많은 이야기를 했는데요. 부디 많은 분이 도전하시면 좋겠습니다.

하지만 부업을 시작했다 하더라도 현재 다니고 있는 회사와 동료에게 이를 알리지는 마세요. 회사에서 직원이 부업하는 것을 곱게 보지 않을 수 있고, 직장에서의 평판이나 업무에 부정적인 영향을 미칠 수 있습니다.

부업하는 것을 회사에 알리지 않는 이유는 여러 가지가 있습니다. 우선 많은 회사들은 직원이 본업 외 겸직을 금지하거나, 엄격한 제약을 두는 경우가 많습니다. 이는 직원이 본업에 집중하지 못하고, 부업으로 인해 업무 성과가 저하될 것을 우려하기 때문이죠. 혹시라도 작은 업무 실수나 지각이라도 하게 될 경우, 평소 같으면 대수롭지 않게 넘어갈 수 있는 것도 부업에 정신이 팔려서 그렇다는 오해를 받을 수 있습니다.

회사는 기본적으로 개인의 고과를 통해 고평가자가 승진하고 급여도 더 많이 받는 경쟁 구도로 이루어져 있습니다. 이렇게 이야기하면 냉정하다고 할 수도 있겠지만, 사실 동료는 곧 나의 경쟁자인 셈입니다.

많은 회사에서 절대평가보다 상대평가로 인사고과를 적용하고 있어서 내가 상위 고과를 받기 위해서는 동료 중 누군가는 하위 고과를 받아야만 합니다. 이러한 상황에서 부업으로 돈을 많이 번다고 자랑이라도 하면, 당연히 시기 질투하는 동료도 생겨나기 마련입니다.

그러니 회사에서는 혹여라도 부업을 하고 있다는 말은 하지 않는 편이 좋습니다. 부업으로 돈을 벌어서 자랑하고 싶더라도 부디 회사에는 비밀로 하고, 그 기쁨을 가족과 함께하면 됩니다. 치킨 파티라도 하면서 말입니다.

부업 시 한 가지 팁을 드리자면, 요즘은 고객 상담을 전화보다는 채팅을 통해 진행하니 공지사항에 상담이나 답변 가능 시간을 퇴근 시간 이후로 설정해 놓는 것이 좋습니다. 저는 해외구매대행을 할 때 "죄송하지만, 출장과 회의가 많아 18시 이후로 답변드릴 수 있으니 양해 부탁드립니다!"라는 문구를 공지사항에 넣었습니다. 그리고 비록 늦더라도 퇴근 이후 당일 안에 모든 답변을 했더니 오전에 문의한 고객도 답변이 늦는 점에 불만을 제기하는 경우가 거의 없었습니다.

직장 생활과 부업을 병행한다는 것이 결코 쉬운 일은 아닙니다. 하지만 처음부터 부업이 본업의 수익을 뛰어넘는 것이 아니므로 본업의 업무 시간과 부업의 시간을 명확히 구분하여 본업에 지장이 없도록 해야 합니다. 빨리 부업에 성공해서 직장을 그만두고 싶다면 부업의 수익이 본업의 2배는 되어야 하고, 아무리 적어도 1.5배는 되어야 합니다.

또한 당장 수입이 없더라도 최소한 6개월 정도는 생활을 유지할 수 있을 때 퇴사를 고민해도 늦지 않습니다. 그때까지는 본업을 보험 삼아 여러 부업에 도전하여 나와 맞는 콘텐츠를 찾고 안정적인 수익을 창출하는 것이 먼저입니다.

PART 4

" 자는 동안에도
돈을 버는 방법 "

: 머니 트리의 씨앗 뿌리기

01

적은 돈으로 만드는
가성비 자본 소득

　얼마 전, 뉴스에서 국내 모 대기업에서 실적 부진으로 인한 고강도 쇄신에 나서며 권고사직의 칼을 빼 들었다는 기사를 봤습니다. 하지만 권고사직의 대상이 기업의 통상적인 인력 조정 대상이던 차장 및 부장급 뿐만 아니라 대리급까지 포함하여 메일을 발송했고 권고사직에 대한 보상은 6개월 치 급여라는 내용이었습니다. 1장에서도 언급했지만, 코로나 이후 경기 침체로 이제는 4050이 아닌 MZ세대도 권고사직과 명예퇴직의 대상이 되었다는 것을 다시금 실감할 수 있었습니다.

　대리급이면 30대 초중반으로 볼 수 있는데, 저도 그 나이에 권고사직을 당한 경험이 있습니다. 제가 몸담고 있는 사업부가 없어지는 일이 생겼는데 부서를 옮겨 달라고 했지만, 회사에서는 불가능하다며 1개월 치 월급을 주고 내보내더군요.

권고사직 통보를 받은 날이 마침 아내 생일이었는데, 집에 오는 버스 안에서 왜 이리 서럽던지요. 실업급여를 받으며 재취업에 성공하긴 했지만, 요즘은 그때와 달리 젊은 직원들도 취업이 어려운 것이 현실입니다.

이런 기사를 볼 때마다 가슴이 답답해 옵니다. 어느덧 사내 메신저에서 갑자기 이름이 사라진 회사 동료들도 더 이상 손에 꼽을 수 없을 정도가 되어 버렸습니다. 이쯤 되니 이제는 언제 인사팀에서 제가 희망퇴직 대상이라는 연락을 받아도 이상할 것이 없겠구나 싶고, 연말이 되면 저도 모르게 긴장하게 됩니다.

그러면서 이런 고민을 하게 되었습니다.

'자의건, 타의건 간에 갑작스레 회사를 그만두게 되어도 먹고 살 방법은 없을까?'

사실 이 이야기는 1파트에서 다루었죠? 결국 월급 외 현금 흐름을 만드는 것이 중요하고, 그 방법에는 N잡 수익과 자본 수익이 있다고 이야기했습니다.

여기서 저는 '그렇다면 나는 월급 외 어떤 현금 흐름을 가지고 있을까?' 하는 의문을 가졌습니다. 그리고는 스스로를 진단해 보니 N잡으로 수익은 창출하고 있으나 대부분은 몸빵형이나 반자동형이고 자동형을 구축하기에는 아직 시간이 더 걸리겠다는 것, 결정적으로 자본 소득은 없는 상태이니 '자본 소득의 파이프라인을 구축하는 것'이야말로 안정적인 미래의 삶을 위해 풀어야 할 가장 큰 과제라는 결론에 도달했습니다.

하지만 문제가 있었어요. 자본 소득은 결국 돈이 돈을 버는 구조인데, 저에게는 돈을 굴려 눈덩이 효과(Snow Ball Effect)를 일으킬 만한 큰돈이 없다는 것이었습니다. 아마도 이것은 저뿐만 아니라 대부분이 당면한 문제가 아닐까 합니다.

이 문제의 해결을 위해 그렇다면 '적은 돈으로 가성비 있는 자본 소득을 만들 방법은 무엇이 있을까?' 하고 많은 고민을 했어요. 그리고 현재까지 두 가지 방법을 찾아 실행하고 있는데, 바로 단기 임대 운영과 미국 주식 투자입니다. 총투자금은 2천만 원이고 이를 통해 저는 매월 110~140만 원의 자본 소득을 얻고 있습니다. 단기 임대와 미국 배당주 투자가 현재 수입을 늘리는 게 목적이라면, 매월 20만 원을 적금식으로 하는 미국 기술주 투자는 노후 자금을 준비할 목적으로 시작했습니다.

40대 가장의 무게 때문인지는 모르겠지만 저는 갑자기 회사를 그만두게 되면 어떻게 살아야 할지 걱정과 두려움이 항상 있었어요. 하지만 단기 임대 운영과 미국 배당주 투자가 안정되면서 그런 상황이 벌어지더라도 최소한 먹고살 수는 있겠다는 생각에 이제는 마음이 한결 편해졌습니다.

회사를 옮기면서 이미 퇴직금을 받아 대출 갚고 이런저런 곳에 써버려서 없고, 최악의 상황에서 어떤 위로금도 받지 못하고 그만두게 되는 경우에는 마지막 보루인 퇴직금밖에 기댈 곳이 없으니 퇴직금은 얼마인가 확인해 봤습니다. 현재 기준 제 퇴직금은 2천만 원이더군요.

투자금 2천만 원의 자본 수익 성과물이 월 110~140만 원이니 만약 퇴직금까지 보태서 4천만 원으로 늘린다면 220~280만 원은 되겠더라고요. 만약 저축과 N잡 수익으로 투자금이 6천만 원으로 늘어난다면 보수적으로 잡아도 매달 350만 원 정도는 되니 혹시나 갑작스러운 퇴사에 N잡 수익이 하나도 없는 상황에 놓이더라도 알바라도 하면 지금 받는 월급 정도의 현금 흐름은 만들 수 있겠다는 생각이 들었습니다.

여러분은 이런 걱정과 고민해 보신 적 없나요? 사실 늘 고민인데 그동안 뾰족한 방법을 찾지 못하셨나요? 그렇다면 다음 내용을 주의 깊게 봐주시기를 바랍니다.

02

지렛대를 활용한
임대 수익, 단기 임대

공유 숙박 vs. 단기 임대

단기 임대를 알지 못했을 때는 공유 숙박(에어비앤비 등)에 관심을 갖고 있었는데 이를 운영할 자신이 없었습니다. 공유 숙박은 상업적인 목적으로 운영하는 숙박업에 속하는데요, 이용해 보신 분들은 아시겠지만 침대, 가전, 주방 기구, 수건을 비롯한 세면도구 등을 갖추고 있습니다. 숙박 기간은 제주도를 비롯한 일부 지역에서는 한달살이를 하기도 하지만, 보통 단기 여행을 목적으로 하기에 1박 2일 내지 길어야 3박 4일이 대다수입니다. 그러다 보니 청소도 거의 매일 해야 하는데, 저는 직장인이다 보니 오전 퇴실 후 청소하는 것은 불가능하고 이모님을 고용하자니 이것도 만만치가 않았습니다. 무엇보다도 주말에만 예약이 들어오지는 않을까 하는 걱정이 있었습니다.

'단기 임대'란 무엇일까요? 부동산에 가서 보통 1~2년 단위로 임대차 계약을 하죠? 단기 임대는 임대 기간을 1주에서 몇 개월로 짧게 한다는 것만 다르다고 볼 수 있습니다. 공유 숙박 운영을 고민만 하다가 단기 임대를 접하게 되었고, 개인적인 상황을 고려할 때 저에게는 단기 임대가 더 적합하다고 판단했습니다.

단기 임대 수요층

단기 임대의 주된 수요층은 출장 업무(40%), 이사 일정이 맞지 않거나 인테리어 등으로 임시 거주(20%), 여행이나 휴식(25%) 이용객이며, 그 외 병원 치료나 해외에서 잠시 한국에 방문하는 경우도 단기 임대를 이용하고 있습니다. 그렇다면 왜 호텔이나 공유 숙박을 이용하지 않고 단기 임대를 선택하는 걸까요?

그 이유는 기간 때문인데요. 단기 임대의 주 타깃은 2주 이상의 거주자입니다. 이런 경우 숙박 시설에서 제공해 주는 편의 시설 및 서비스보다는 본인의 비품 등을 직접 사용하며, 저렴하면서도 안정적으로 주거할 수 있는 공간이 더 우선하죠.

또한 최근 전세 사기와 같은 문제가 불거지면서 월세 수요가 증가했는데, 동시에 보증금 부담이 없는 주세도 수요가 폭증하면서 단기 임대 시장도 성장하고 있습니다.

단기 임대 운영 전 고려할 것들

그렇다면 단기 임대 운영을 위해서는 어떤 것을 고려해야 하는지 알아보겠습니다.

▸▸ **지역** 우선 어디에서 할지 결정하는 것이 가장 중요합니다. 단기 임대는 서울·경기가 약 70%를 차지하고 있지만, 지방에도 충분한 수요가 있습니다. 다만 관리를 해야 하는 부분이 있으니 차로 30분 거리 이내의 지역을 추천합니다.

▸▸ **경쟁 분석** 지역을 결정했다면 해당 지역 내 여러 곳을 분석하여 어느 곳의 단기 임대 매물이 가장 많고 활성화되었는지 경쟁 분석은 필수입니다. 단기 임대 매물이 없는 곳은 다 그만한 이유가 있으니, 비교적 활성화된 지역의 시장 상황을 분석하여 적절한 전략을 세우는 것이 중요합니다.

▸▸ **부동산 종류** 아파트, 빌라, 주택, 오피스텔 그리고 원룸, 투룸 등 어떤 종류와 어떤 면적의 부동산으로 단기 임대를 운

영할지 각각의 장단점을 꼼꼼히 따져 결정합니다.

▶▶ **입지 분석** 부동산에서 입지는 가장 중요한 요소입니다. 교통, 편의 시설 및 주변 인프라를 비교 분석하여 최적의 입지를 선택합니다.

▶▶ **구비 품목** 물품을 어디까지 구비할 것인지 기준을 정합니다. 기본적으로 갖춰야 할 가전은 냉장고, 세탁기, 에어컨, 전자레인지, 인덕션(가스레인지) 등이 있습니다. 그 외 침대 및 침구, 주방 및 욕실용품 등은 옵션이며, 많이 구비할수록 비용이 증가하고 관리의 번거로움이 있으니 어느 선에서 할지 기준을 정해야 합니다.

▶▶ **투자 종류** 단기 임대를 직접 투자하여 운영할지, 임차하여 운영할지 결정합니다. 이미 투자하여 부동산을 보유 중이 아니라면 처음에는 임차하여 운영하는 것을 추천합니다. 다만 부동산을 임차하여 단기 임대를 운영할 때는 전대 동의를 받는 것이 중요합니다.

▶▶ **단기 임대 가격** 단기 임대는 월세보다 보증금이 적은 대신에, 임대료는 월세의 1.5~2배를 받을 수 있습니다. 임대료를 결정할 때는 투자금을 고려한 수익률 그리고 주변 시세와 비교하여 가격을 결정합니다. 투자금은 월세뿐만 아니라 관리비, 부동산 수수료, 옵션 구매 비용 등을 모두 포함해야 합니다.

단기 임대 계약 체결

말 그대로 단기 임대는 짧게는 1~2주, 길게는 3개월 정도 머물게 됩니다. 그런데 그때마다 부동산을 통해 계약을 진행한다면 계약 때마다 부동산을 방문해야 하는 번거로움이 있습니다. 무엇보다 부동산에 줘야 하는 수수료가 있어 운영 수익률이 낮아집니다. 그러므로 단기 임대는 부동산을 거치지 않고 셀프로 계약을 진행하는 것을 추천합니다. 최근에는 비대면으로 임대인과 임차인이 서로 기간과 비용에 대해 협의가 충분히 가능하기 때문에 셀프로 진행해도 무리가 없습니다.

마케팅 및 홍보

내 물건을 단기 임대하기 위해서는 마케팅과 홍보가 필요한데, 주로 온라인 플랫폼에 사진과 물건에 대한 설명을 등록합니다. 이때 타깃 고객층에게 내 부동산의 장점, 가격 할인 등의 혜택 정보를 제공하면 좋습니다. 어디에 올려서 홍보해야 하는지 가장 대표적인 사이트를 소개하겠습니다.

우선 단기 임대 플랫폼 중에서 가장 활성화된 '삼삼엠투'입니다.

　회원 가입 후 호스트 모드로 전환하여 이용할 수 있습니다. 단기 임대 등록부터 예약, 결제(보증금 33만 원 포함), 입주, 퇴실까지 원스톱으로 관리할 수 있으며 별도의 계약서를 작성하지 않아도 됩니다. 주 단위 계약만 가능합니다. 예를 들어 이번 주 토요일 입실하면 다음 주 금요일에 퇴실하는 것이고, 연장도 주 단위로만 할 수 있습니다. 게스트가 입주하고 1~2일 뒤 통장으로 입금되며, 호스트는 3.3%의 수수료를 제외한 금액을 받습니다.

　다음으로 네이버 카페의 '피터팬의 좋은방 구하기'입니다.

회원 가입 후 정회원이 되어야 등록이 가능합니다. '삼삼엠투'가 원스톱 서비스를 제공한다면, '피터맨의 좋은방 구하기'는 부동산 직거래 커뮤니티여서 계약부터 퇴실 관리까지 모든 것을 셀프로 진행해야 합니다. 이때 사전에 준비한 표준임대차계약서를 활용하여 계약을 진행하면 좋고, 주로 비대면으로 이루어지기 때문에 생각보다 번거롭지 않습니다. 직거래 사이트 특성상 별도의 수수료가 없다는 큰 장점이 있습니다.

그 외 지역 카페, 맘 카페 등을 활용하여 단기 임대를 등록할 수 있습니다.

단기 임대 초보자라면 오피스텔

저는 현재 오피스텔을 임차하여 단기 임대로 운영하고 있는데, 오피스텔을 선택한 이유는 다음과 같습니다.

우선 풀옵션으로 에어컨, 냉장고, 세탁기 등 기본적인 가전이 빌트인으로 설치되어 있어 별도로 구매할 필요가 없습니다. 기본 가전을 따로 구비하려면 중고로 구매한다고 하더라도 상당한 비용이 들어갈 수밖에 없습니다.

다음으로 오피스텔은 상업 지구에 있어 입지가 좋고 교통이 편리하며, 생활 편의 시설과 인프라가 잘 갖춰져 있습니다. 그러다 보니 당연히 단기 임대의 수요와 선호도가 높습니다. 따라서 초보자라면 오피스텔을 선택하는 것이 가장 무난합니다.

단기 임대 수익률 극대화의 핵심은 이것

저는 임차한 오피스텔의 월세로 80만 원을 내고 있는데, 이 오피스텔의 매매가는 약 2억 원입니다. 만약 2억 원이 모두 자기자본일 때 단기 임대의 매월 순익으로 150만 원을 번다면 1년에 1,800만 원이며, 이를 연으로 계산하면 9%의 수익률입니다.

계약할 때 부동산에서 이런저런 이야기를 나누었는데요. 임대인 분은 대출을 끼고 오피스텔을 매입했다고 합니다. 월세 받아서 부동산 수수료 주고, 세금 내고, 은행이자 내고 나면 남는 게 없는데 그나마 이자마저 올라버린 상황이라 부디 손해만 나지 않으면 좋겠다고 푸념을 하시더군요. 저는 기존 임차인이 퇴실하는 당일 오후에 입주했는데, 공실 없이 바로 들어와줘서 너무 고맙다고 말씀하셨어요. 시세 차익과 임대수익을 기대하고 거의 2억 원에 분양받았으나, 현재 시세는 2천만 원가량 하락한 상황이고, 부동산 사장님께 들은 바로는 가격이 올라가긴 힘들 것 같다고 하셔서 마음이 좀 쓸쓸했습니다.

　　최근 서울·경기 오피스텔의 월세 보증금은 대부분 1,000만 원이고 드물게 500만 원짜리가 나오고 있습니다. 보증금 1,000만 원짜리 1개를 운영하는 것과 500만 원짜리 2개를 운영하는 수익률은 상당한 차이가 있기 때문에 월세를 조금 더 올려주더라도 보증금은 최대 500만 원으로 하는 것을 추천합니다. 300만 원이라면 더욱 좋습니다.

단기 임대의 장단점

이번에는 단기 임대의 장단점에 대해 알아보겠습니다.

우선, 제가 생각하는 장점은 다음과 같습니다.

투자금이 보증금으로 예치되어 계약 만료 시 돌려받는다

　　투자에는 항상 원금 손실의 리스크가 존재하지만, 월세를 얻어 단기 임대를 운영하는 경우 투자금은 곧 보증금이며 이는 월세 계약 만료 시 반환됩니다. 하지만 경매 등을 통해 직접 매수하여 운영하는 경우에는 투자금이 발생하는 반면, 따로 월세를 내지 않아도 되어 수익률이 더 올라갈 수 있습니다. 처음 시작할 때는 월세로 운영하다가 노하우가 쌓이면 직접 매수하는 방법도 고려해 볼만 합니다.

의외로 관리할 것이 많지 않다

단기 임대를 하겠다고 마음은 먹었지만 임차 문의 응대와 청소를 포함한 관리 등을 어떻게 해야 할지 걱정이 많았습니다. 하지만 막상 시작해 보니 관리해야 할 것들이 생각보다 많지 않았어요. 임차 문의도 1~2주에 한 번 정도였고 임차인 퇴실 후 청소는 1시간이면 충분했습니다.

실제로 저는 1개월 이상의 기간이 단기 임대의 대부분을 차지하고 있습니다. 이 부분은 아마 직접 해보지 않았다면 알 수 없었을 겁니다.

단기 임대의 단점은 무엇이 있을까요?

공실 리스크

제가 생각하는 가장 큰 단점은 공실 리스크입니다. 이는 직접 매수하여 투자하는 것이라면 임대 수익이 낮아지는 것에 불과하겠지만, 월세로 운영하는 경우에는 월세와 관리비가 고정비가 되기 때문에 공실이 생기면 수익은 고사하고 손실을 보게 됩니다. 따라서 공실이 생기지 않기 위한 운영 전략이 가장 중요합니다. 첫째도, 둘째도, 셋째도 '공실 없는 운영'입니다.

진상 임차인

실제 운영하기 전에는 '진상 임차인을 만나지는 않을까?' 하는 걱정도 빼놓을 수 없었습니다. 하지만 직접 겪어 보니 모두 매너가 좋았고, 생활하면서 불편 사항을 제기한 적도 거의 없었습니다. 그럼에도 저는 단기 임대 플랫폼에 등록할 때 최대한 꼼꼼하게 고지하는데요. 그 이유는 계약 전에 사전 안내를 해야만 클레임 처리가 그나마 원만하기 때문입니다.

뉴스에서 외국인이 공유 숙소에 묵은 후 전기세를 포함한 공과금이 80만 원이 넘게 나왔다고 본 적이 있습니다. 솔직히 저도 임차인이 전기나 수도를 과도하게 사용하고 내부 시설도 엉망으로 쓰지는 않을까 하는 우려도 있었지만, 그런 일은 한 번도 발생하지 않았습니다. 단기 임대는 보증금을 내고 퇴실한 후에 임대인이 시설 확인 후 이상 없을 시 반환해 주는데, 이것이 공유 숙박과 단기 임대의 가장 큰 차이점이 아닐까 합니다.

공실 없는 운영 노하우

저는 이제야 초보를 벗어난 수준이지만 하루, 이틀의 입주 일자로 인한 공실 외에는 모두 공실 없이, 심지어 다음 달까지 예약이 되어 대체로 잘 운영하고 있습니다. 사실 저도 항상 공실을 걱정하고 있습니다. 하지만 걱정만 한다고 해결되는 것은 없죠. 그럼, 리스크를 줄이기 위해서 어떤 고민을 했고 어떻게 운영하고 있는지 저만의 노하우를 공개합니다.

공실 없이 운영 중인 단기 임대

대금 수령 정보			대금 수령 정보			대금 수령 정보		
대금 수령			대금 수령			대금 수령		
임대료			임대료			임대료		
관리비용			관리비용			관리비용		
청소비용			청소비용			청소비용		
장기계약 할인								
서비스 수수료			서비스 수수료			서비스 수수료		
총 수령 금액		1,398,282원	총 수령 금액		773,600원	총 수령 금액		3,819,650원
계좌 정보			계좌 정보			계좌 정보		
입금 날짜		2024.04.01	입금 날짜		2024.04.29	입금 날짜		2024.05.14

차별화 전략

어떤 것이든 마찬가지겠지만, 단기 임대 또한 차별화가 중요합니다. 예를 들어 우리가 이사 가면 방 안에 아무것도 없고 텅 비어 있죠? 사실 단기 임대는 공간을 빌려주는 것이기 때문에 이런 방만으로도 운영이 가능합니다. 이 상태를 '0'이라고 하겠습니다. 그리고 여행 가서 펜션에 묵으면 침대를 비롯한 가구, 가전, 주방 기구, 식기, 욕실 비품, 커피머신 등이 갖춰져 있습니다. 이런 옵션들을 모두 갖춘 상태를 10이라고 가정하겠습니다.

이제 운영하고자 하는 지역의 단기 임대 물건을 모두 확인해 보세요. 그리고 각각의 물건을 0~10까지 등급에 따라 수치화해 보는 겁니다. 그리고 그것들의 1주 임대료도 정리해야겠죠? 임대료는 당연히 0이 가장 싸고, 10으로 갈수록 비싸질 겁니다.

예를 들어 30개의 단기 임대 물건을 분석했더니 9~10(20개), 6~7(8개), 0~2(2개) 있다고 가정해 보겠습니다. 확인해 보니 3~5는 비어 있습니다. 그럼 옵션은 3~5 수준으로 하면서 가격은 0~2로 하면 어떨까요? 또 이런 것은 어떨까요? 옵션은 9~10 수준으로 하면서 가격은 6~7로 하는 것이죠. 포지셔닝이 상위와 하위로 구분되긴 하지만, 두 가지 모두 가성비 우위 전략을 펼치는 것은 같습니다.

그러기 위해서는 이렇게 하더라도 목표 수익률을 충족할 수 있는지 먼저 계산해 봐야 합니다. 자기자본 비중이 작아야 수익률이 올라가기 때문에 보증금은 무조건 낮은 게 좋다고 한 거 기억하시나요? 보증금을 높게 주면 수익률을 고려할 때 가격을 결정할 수 있는 범위가 좁아질 수밖에 없습니다. 실제로 따져봤더니 내가 기대 수익률을 조금 낮추더라도 가성비에서 우위를 점할 수 있다면 이렇게 하는 것이 제값 받자고 경쟁하면서 공실 리스크를 안고 가는 것보다 훨씬 마음이 편합니다. 이것이 제가 공실 없이 단기 임대를 운영하는 핵심 전략입니다.

적절한 할인 이벤트

이번에는 공실 리스크를 없애기 위한 두 번째 방법인데, 저의 사례를 들어보겠습니다.

24.05.11(토) 퇴실이 일주일밖에 남지 않았는데 예약이 전혀 없자 5월 초부터 저는 서서히 걱정이 시작했습니다. 근데 이게 웬일 인지 5월 4일 밤에 '피터팬의 좋은방 구하기' 카페에서 예약 문의가 왔습니다. 해외에 거주하고 계신데 아내 분과 자녀가 한국에 6월 한 달간 머물 곳이 필요하다고 하시더군요.

하지만 이렇게 되면 저는 5월 12일 ~ 5월 31일, 3주간의 공실 이 발생하게 됩니다. 그렇다고 1개월짜리 예약을 받지 않을 수도 없 었습니다. 결국 해결 방안은 후에 고민하기로 하고, 일단 예약을 받 기로 했습니다.

부동산 단기 임대차 계약서

제 2조 임대인은 위 부동산을 임대차 목적대로 사용·수익할 수 있는 상태로 ___2024년 6월 1일___까지 임차인 에게 인도하며, 임대차 기간은 인도일로부터 ___2024년 6월 30일___까지로 한다.

본 계약을 증명하기 위하여 계약 당사자가 이의 없음을 확인하고 각각 서명·날인 후 임대인, 임차인은 매 장마다 간인하여야 하며, 각 1 통씩 보관한다. ___2024년 5월 5일___

| 2024.05.06 10:39:53 | 전자금융 | | 0 | 500,000 | | 신한은 행 |

다음 날인 5월 5일, 계약서 작성 후 5월 6일 계약금 50만 원을 수령했고 잔금은 입주 하루 전인 5월 31일까지 받기로 했습니다.

그렇게 6월은 임대가 해결되었으니, 이제 남은 것은 3주간의 공실을 어떻게 채우냐는 것이었지요.

단기 임대 특성상 입주를 주말(대부분)이나 월요일(간혹)에 하기 때문에 저는 5월 8일(수)까지 예약을 받지 못하면 최소 1주일의 공실이 날 것으로 생각했습니다. 그 이유는 우리가 여행을 가더라도 보통 며칠 전에는 숙소를 예약하고 가는데, 하물며 2주 이상 머물 곳이라면 최소 일주일 전에는 상세히 알아보고 예약을 하기 때문입니다. 특히 단기 임대 수요자들은 입주 날짜가 정해져 있는데, 그때 묵을 곳이 없으면 더 문제가 커질 수밖에 없습니다.

당시 저는 어떻게든 5월 8일(수)까지 이틀 동안 예약을 완료해야만 하는 상황이었어요. 고민에 고민을 거듭하다가 제가 내린 결정은 파격적인 가격 할인입니다.

'그래, 가격을 대폭 낮춰서 빨리 입주를 채우는 것이 공실로 두는 것보다는 낫다. 근데 얼마를 낮춰야 할까?'

저는 한 달 수익을 정할 때 1회 임대 기간을 1개월 단위로 하고, 청소비도 한 번만 넣어 계산합니다. 하지만 이번 경우에는 달랐어요. 기존 입주자는 기간이 2주였고, 저는 3주간 입주할 분이 필요했습니다. 그럼 5주 동안 청소비는 2번을 받게 되니 그냥 1개월로 쳐서 청소비만큼 할인을 했습니다. 그리고 저는 두 군데의 단기 임대를 운영하면서 평균 공실을 2개 합쳐서 일주일로 보는데, 마침 다른 한 곳은 4월 말에 3개월을 계약하여 곧 입주를 앞두고 있었습니다. 그러니 실제로 한 곳에서 1주의 공실이 발생한다고 하더라도 목표 수익률은 충분히 달성할 수 있는 상황이었습니다.

'제대로 받겠다고 욕심을 부리지 말자.'

이런 마음으로 5월 6일 저녁 총 25만 원의 할인으로 삼삼엠투에 가격을 수정하여 올렸습니다. 대신 임대 기간은 3주로 한정했어요. 자, 결과는 어떻게 되었을까요?

안녕하세요 근교 단기간 출퇴근으로 인해 대여하려고 합니다:) 일요일 저녁 5시~6시쯤 체크인 예정입니다! 깨끗한 방을 원합니다! 비흡연자이고 반려동물 동반 아닙니다! 깨끗하게 살겠습니당 감사합니다 😊

15:19

계약요청   2024.05.07 15:19

게스트가 2024.05.12 ~ 2024.06.01까지   임대를 요청했습니다. 호스트가
요청을 승인하면, 게스트는 결제를 하고 계약을 확정할 수 있습니다.

궁하면 통한다고 했던가요? 거짓말같이 다음 날인 5월 7일 오후에 바로 계약까지 한 번에 완료되었습니다. 임차인 분은 싸게 해줘서 감사하다는 말을 몇 번이나 하셨고, 저 또한 공실 없이 운영할 수 있어 좋았습니다.

그리고 이건 여담입니다만, 6월 1일 입주자는 인천공항에 아침 7시 도착으로 최대한 빨리 들어가고 쉬고 싶어 하셨는데, 퇴실일 또한 6월 1일이어서 바로 입주하는 것은 불가능했습니다. 장시간 비행기를 타면 발까지 붓고 몸은 천근만근입니다. 저는 어떻게든

도와드리고 싶은 마음에 기존 임차인 분께 퇴실 시간을 여쭈어 보았고, 퇴실하자마자 바로 청소와 정리를 끝내고 12시쯤 들어가실 수 있도록 빠른 조치를 했습니다. 며칠 후 기존 1개월에서 2주를 더 연장하고 싶다고 하셔서 7월 14일까지 추가 계약을 완료했습니다.

최근에는 퇴실일이 주말인 경우 5학년인 딸아이와 함께 가서 정리와 청소를 하고 있는데, 여기에는 두 가지 이유가 있습니다. 우선 딸아이가 자라면서 아빠와 대화하고 함께 보내는 시간도 많이 줄어 둘만 있는 자리를 마련하고 싶었습니다. 다음으로는 노동의 소중함을 일깨워 주고 싶어 일부 공간의 청소를 딸아이에게 맡겼고, 적절한 금전적 보상을 해주었습니다. 실제로 한 공간에 두 사람만 있게 되니 대화가 많아졌고, 용돈을 벌어 갖고 싶었던 굿즈를 사고 좋아하는 아이의 모습을 보니 저도 기뻤습니다.

초보 단기 임대 운영자의 좌충우돌 스토리를 보고 무엇을 느끼셨나요?

'공실 리스크가 두려워 나는 못 하겠다'인가요? 아니면 '저런 왕초보도 하는데 나라고 못 하겠냐, 어디 한번 제대로 도전해 보자.' 인가요? 둘 중에서 후자이길 바라는 마음으로 저의 모든 단기 임대 운영 노하우를 공개했으니, 부디 용기 내어 머니 트리의 씨앗을 뿌리고 그 달콤한 열매를 따 드시기 바랍니다.

03

하루 커피 한 잔 값으로 만드는
복리의 기적, 미국 주식

저는 주식 투자를 코로나 이후인 2020년부터 시작했는데 그 대상은 미국 시장이었습니다. 그동안 주식 투자를 하지 않은 가장 큰 이유는 도대체 언제 사서, 언제 팔아야 할지 몰랐기 때문이에요.

그러던 중 2020년 3월, 우연히 조던 김장섭 저자의 『내일의 부』라는 책을 접할 수 있었습니다. 그리고 그 내용을 통해 너무나 신선한 충격을 받았습니다.

제가 하는 미국 주식 투자법은 바로 『내일의 부』에서 영감을 얻어 출발한 것입니다. 주식 투자뿐만 아니라 통찰력을 기르는 데도 많은 도움이 되니 꼭 읽어 보시기를 바랍니다.

주식 투자, 왜 미국 시장이어야 하는가

우상향하는 미국 주식 vs. 박스권에 갇힌 한국 주식

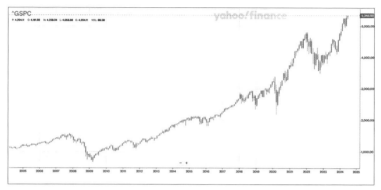

S&P500 지수 그래프

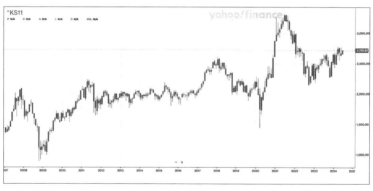

코스피 지수 그래프

　제가 국내 주식보다 미국 주식 투자를 선호하는 가장 큰 이유
는 특정 기업이 아닌 바로 미국 시장 전체에만 투자해도 꾸준히 우
상향한다는 것 때문입니다.

이는 미국 S&P500 지수와 한국 KOSPI 지수를 비교해 보면 더욱 극명하게 드러납니다.

서브프라임 모기지와 리먼 브라더스 파산으로 촉발된 2008년 글로벌 금융위기 전, 미국 S&P500 지수는 1,500포인트 수준이었는데요. 그로부터 15년이 조금 지난 2024년 6월에는 5,300포인트 수준으로 3배 가까이 상승했습니다. 반면 한국 KOSPI 지수는 2008년 2,000포인트, 현재는 2,700포인트 수준에 머물러 있습니다.

그 차이는 결국 수익률로 이어지는데요. 2023년 2월 글로벌 운용사인 JP모건자산운용이 발간한 'Guide To the Market' 보고서에 따르면, MSCI 한국 지수는 최근 10년(2013년~2022년) 동안 연평균 수익률이 1.9% 주요 국가 중 꼴찌였다고 합니다. 연평균 수익률이 가장 높은 국가는 미국(12.6%, S&P500 기준)이었고, 대만(10.3%), 인도(7.6%), 일본(5.9%), 중국(5.5%), 유럽(5.2%) 순이었습니다.

참고로 'MSCI 지수'란 세계적인 투자 은행 미국 모건 스탠리의 자회사인 MSCI(Morgan Stanley Capital International)가 발표하는 글로벌 주가지수를 말합니다.

시장 규모와 세계를 주도하는 4차 산업 중심지

글로벌 주식 시장에서 비중을 살펴보면 미국이 60.5%인 반면, 한국은 1.4%에 불과하여 한국 시장 대비 수십 배에 달하는 시장 규모를 가지고 있습니다. 이러한 시장 규모는 투자자들이 다양한 기업, 산업 및 금융 상품에 대한 접근성을 제공하여 투자 포트폴리오를 다각화하고 리스크를 분산시키는 데 유리합니다.

나아가 미국 시장에는 테크놀로지, 금융, 제약, 소비재 등 다양한 섹터에서 세계를 선도하는 기업들이 포진해 있습니다. 그래서 경제 상황이 변동적일 때도 상대적으로 안정적인 수익 창출이 가능합니다.

전 세계 주식 시장에서 각 국가가 차지하는 비중

(2023년 1월 기준)

Finance & Insurance › Financial Instruments & Investments

Distribution of countries with largest stock markets worldwide as of January 2023, by share of total world equity market value

U.S	60.5%
Japan	6.2%
UK	3.7%
China	2.8%
France	2.8%
Canada	2.5%
Switzerland	2.4%
Germany	2.1%
Australia	2.0%
India	2.0%
Taiwan	1.7%
S. Korea	1.4%

Market share of total world equity market value

DOWNLOAD

Sources
→ Show sources information
→ Show publisher information
→ Use Ask Statista Research Service

Release date
February 2024

Region
Worldwide

Survey time period
2023

Citation formats
→ View options

출처 : Statista

미국은 마이크로소프트, 애플, 구글, 엔비디아, 아마존 등과 같은 글로벌 기업들의 본거지로서, 4차 산업혁명을 선도하고 있습니다. 이들 기업의 기술 혁신은 소비자 서비스와 클라우드 컴퓨팅, 인공지능, 자율주행 등 다양한 분야에서 새로운 시장 기회를 창출하며 투자자에게 매력적인 수익률을 제공합니다.

기축통화이자 안전 자산인 달러 보유 가능

미국 달러는 전 세계적으로 가장 널리 사용되는 기축통화입니다. 금융 시장에서는 달러가 안정성과 신뢰성의 상징으로 여겨지며, 글로벌 경제의 불확실성이 커질 때마다 안전 자산으로서 역할을 합니다.

'기축통화'란 세계 무역 및 금융 시장에서 주요 결제 수단으로 사용되는 통화를 말합니다. 미국 달러는 이러한 역할을 수행하며, 많은 국가에서 외환 보유액 대부분을 달러로 보유하고 있습니다. 이는 달러가 전 세계적으로 가치가 안정되어 있고, 언제 어디서든 광범위하게 수용될 수 있는 통화라는 점을 의미합니다. 또한 세계 주요 중앙은행들이 크게 의존하는 통화로서, 국제 거래, 투자, 금융 상품의 평가 및 거래에 널리 사용됩니다.

그러한 이유로 이제까지 경제적 불확실성이나 금융 위기 상황이 오면 달러의 수요가 몰려 그 가치는 상승했습니다. 우리나라에서도 IMF 구제 금융 시기와 2008년 글로벌 금융위기에 큰 충격을 받고 달러가 급격히 올라갔습니다.

심지어 코로나 초기에는 인류 역사에서 영원한 안정성을 상

징하던 금(Gold)마저 하락하고 달러만이 '나 홀로 강세'를 보이기도
했습니다.

미국 시장에 투자하면 달러를 직접 보유하게 됩니다. 만약 경
제 위기가 왔을 때 달러를 보유하고 있다면 환율이 상승하여, '달러라
는 안전자산을 가지고 있는 것만으로도 리스크를 헷지(hedge, 울타리,
방지책)할 수 있고, 자산 가치가 상승하는 효과를 얻을 수 있습니다.

복리의 마법과 시간의 힘

단리는 원금에만 이자가 붙는 방식을 말합니다. 반면에 복리
는 원금과 더불어 발생한 거기에 이자까지 합산하여 이자가 붙는
방식입니다.

알버트 아인슈타인은 복리의 위력을 세계 8번째 불가사의에
비유한 바 있습니다.

"Compound interest is the eighth wonder of the world. He
who understands it, earns it; he who doesn't, pays it."

(세계 8번째 불가사의는 바로 복리다. 복리를 이해하는 자는 복리로 돈을
벌고, 이해하지 못하는 자는 복리로 돈을 지불하게 될 것이다.)

앞의 설명에서 우리는 2013~2022년 미국 S&P500의 연평균

성장률이 12.6%라는 것을 알 수 있었습니다." 그렇다면 매월 50만 원을 30년간 적립식으로 투자했을 때 단리와 복리의 총수익 차이는 얼마나 날까요? 연평균 수익률은 12.6%로 고정하고 계산해 보겠습니다. (S&P500 10년 평균 수익률 적용)

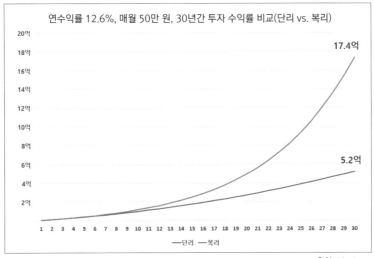

연수익률 12.6%, 매월 50만 원, 30년간 투자 수익률 비교(단리 vs. 복리)

출처: Fical.net

30년간 투자 원금은 1.8억(50만 원×12개월×30년)으로 같습니다. 하지만 단리는 30년 후에 5.2억(289%)이고 복리는 무려 17.4억(967%)으로, 단리에 비해 무려 12.2억이나 많은 수익을 가져다줍니다.

'하지만 매월 50만 원씩 30년 동안 투자하기에는 현실적으로 금액이 너무 부담되지 않을까? 12.6%는 S&P500의 연평균 성장률 (2013년~2022년)로 계산했는데, 연수익률을 그보다 더 끌어올릴 수 있다면 적은 금액으로도 큰 효과를 볼 수 있지 않을까?'

그러다가 생각해 낸 것이 '하루 커피 한 잔 값 대신 그 돈으로 투자한다면 어떨까?' 하여 20만 원이라는 금액을 정했습니다. 그렇다면 매월 20만 원으로 30년간 투자한다면 과연 얼마의 수익률을 만들어야 경제적 자유를 이룰 수 있을까요?

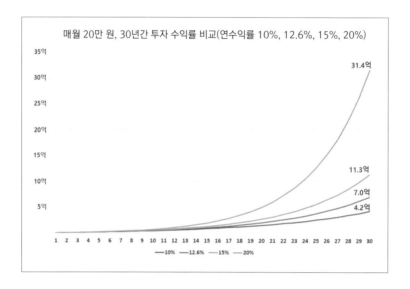

파란색(10%) 4.2억, 주황색(12.6%) 7억, 회색(15%) 11.3억, 노란색(20%) 31.4억입니다. 그래프를 보면 20년까지는 큰 차이가 없다가 20년이 지나면서 복리가 위력을 발휘하면서 차이가 크게 벌어지기 시작합니다. 따라서 복리의 효과를 제대로 누리기 위해서는 지금 당장 시작하는 것이 좋습니다. 연평균 12.6%의 수익률이라면 7억 원이니, 경제적 자유까지는 아니더라도 노후 준비는 가능할 듯합니다. 연평균 수익률 20%만 거둘 수 있다면 경제적 자유도 충분히 가능하겠네요.

하지만 매월 20만 원씩 투자할 돈이 없다고요? 이번에는 수익률을 20%로 고정하고 매월 5만 원, 10만 원, 15만 원, 20만 원을 30년간 투자할 때 총금액은 어떻게 되는지 알아보겠습니다.

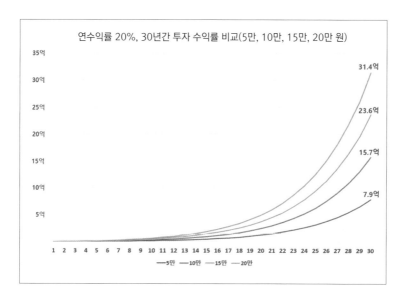

파란색(5만) 7.9억, 주황색(10만) 15.7억, 회색(15만) 23.6억, 노란색(20만) 31.4억입니다. 이를 연평균 물가 상승률 3%를 적용하여 30년 후의 총금액을 현재 가치로 환산해 본다면, 순서대로 3.3억, 6.5억, 9.7억, 12.9억이 됩니다.

돈이 부족한 상황이지만 매월 5만 원씩 꾸준히 30년간 투자한다면 현재 가치로 3.3억이 됩니다. 그러니 최소한의 노후 준비는 할 수 있지 않을까 합니다.

하지만 현실을 고려할 때 3.3억으로 안정적인 노후를 준비하기는 어려우므로, 현재 가치로 6.5억이 되는 매월 10만 원은 투자하는 것이 바람직할 것 같습니다.

이제 남은 것은 '연평균 20% 수익률이 과연 가능한 것인가?'입니다. 우선 S&P500과 나스닥100을 추종하는 ETF인 SPY와 QQQ의 10년 평균 수익률을 알아보았습니다.

SPY vs. QQQ 10년 수익률 비교

SPY Performance						[As of 06/06/2024]
	1M	3M	YTD	1YR	5YR	10YR
SPY	3.50%	5.21%	12.84%	26.73%	15.27%	12.60%
SPY (NAV)	4.56%	5.76%	12.87%	27.01%	15.42%	12.65%

All returns over 1 year are annualized. All returns are total returns unless otherwise stated

QQQ Performance						[As of 06/06/2024]
	1M	3M	YTD	1YR	5YR	10YR
QQQ	5.25%	5.74%	13.30%	31.45%	21.95%	18.42%
QQQ (NAV)	6.48%	6.50%	13.42%	31.53%	22.15%	18.50%

All returns over 1 year are annualized. All returns are total returns unless otherwise stated

출처 : etf.com

SPY의 10년 평균 수익률은 앞에서 언급한 바와 같이 12.6%였고, QQQ의 10년 평균 수익률은 18.42%로 SPY보다 높았습니다. QQQ에 투자하는 것도 높은 수익률이지만, 목표 수익률인 20%에는 조금 못 미칩니다.

섹터 및 섹터별 수익률

그렇다면 잘 나가는 산업에 투자하는 것은 어떨지 이번에는 섹터별 수익률을 알아보겠습니다. 우선 '섹터'란 무엇일까요?

시사상식사전

글로벌산업분류기준

요약 글로벌지수 산출기관인 스탠더드앤푸어스(S&P)와 모건스탠리캐피털인터내셔널(MSCI)이 공동 개발해 세계적으로 많이 쓰이고 있는 산업분류기준이다.

외국어 표기	Global Industry Classification Standard(영어)
약어	GICS

글로벌지수 산출기관인 스탠더드앤드푸어스(S&P)와 모건스탠리캐피털인터내셔널(MSCI)이 1999년에 공동 개발한 증권시장 전용 산업분류 기준이다. 투자분석과 포트폴리오 구성, 자산관리 전략 등에 세계적으로 가장 널리 활용되는 산업분류 기준 중 하나이다.

GICS는 1단계 경제섹터(11개), 2단계 산업군(24개), 3단계 산업(69개), 4단계 하위산업(158개)의 4단계 계층구조로 구성돼 있다. 구체적으로 1단계 경제섹터에는 에너지, 소재, 산업재, 임의소비재, 필수소비재, 헬스케어, 금융, 정보기술(IT), 커뮤니케이션 서비스, 유틸리티, 리츠 등이 해당한다.

출처 : 네이버 지식백과

글로벌 지수 산출 기관인 스탠더드앤드푸어스(S&P)와 모건스탠리캐피털인터내셔널(MSCI)이 공동 개발해 세계적으로 쓰이는 산업분류기준입니다. 1단계 경제섹터(11개), 2단계 산업군(24개), 3단계 산업(69개), 4단계 하위산업(158개)으로 구분할 수 있습니다. 전 세계에 현존하는 상장 회사들은 이 체계로 분류되어 있습니다.

위 그림과 같이 11개 섹터에는 정보기술, 커뮤니케이션 서비스, 임의 소비재, 산업재, 헬스 케어, 리츠(부동산), 소재, 에너지, 금융, 유틸리티, 필수 소비재가 있습니다.

10년 기준 섹터별 성과 비교

Sector performance

As of Jun-07-2024 | *As of Jun-07-2024 5:33 PM ET |

Sector	Today*	1-month	3-month	YTD	1-year	5-year	10-year
S&p 500 Information Technology Sector	+0.20%	+8.82%	+9.29%	+21.41%	+40.78%	+215.20%	+558.82%
S&P 500	-0.11%	+3.21%	+4.75%	+12.10%	+24.82%	+88.04%	+174.28%
S&p 500 Consumer Discretionary Sector	-0.43%	-1.59%	-0.12%	+1.92%	+16.05%	+60.69%	+173.07%
Health Care	+0.11%	+3.39%	+0.26%	+7.11%	+12.91%	+64.22%	+145.21%
S&p 500 Financials Sector	+0.35%	+0.81%	+2.14%	+9.85%	+25.50%	+53.06%	+124.33%
S&p 500 Industrials Sector	+0.10%	-1.59%	+0.59%	+7.05%	+21.39%	+63.87%	+117.35%
S&p 500 Communication Services Sector	-0.81%	+3.73%	+12.77%	+22.50%	+39.78%	+92.34%	+90.25%
S&p 500 Materials Sector	-1.01%	-0.64%	+0.99%	+4.44%	+13.70%	+58.00%	+80.16%
S&p 500 Consumer Staples Sector	-0.60%	+2.19%	+3.65%	+8.62%	+8.85%	+39.57%	+78.75%
S&p 500 Utilities Sector	-1.09%	+1.17%	+10.73%	+9.66%	+6.99%	+15.82%	+62.36%
S&p 500 Energy Sector	-0.47%	-4.09%	+3.43%	+6.78%	+11.85%	+52.60%	-2.80%
S&p 500 Real Estate Sector	-0.86%	+2.35%	-4.63%	-5.61%	+2.86%	+3.07%	--

출처 : Fidelity

10년간의 성적을 보니 연평균 약 56%의 수익률로 정보기술 섹터가 가장 좋았습니다.

1년 기준 섹터별 성과 비교

Sector performance

As of Jun-07-2024 | *As of Jun-07-2024 5.33 PM ET |

Sector	Today*	1-month	3-month	YTD	1-year ▲	5-year	10-year
S&p 500 Information Technology Sector	+0.20%	+8.82%	+9.29%	+21.41%	+40.78%	+215.20%	+558.82%
S&p 500 Communication Services Sector	-0.81%	+3.73%	+12.77%	+22.50%	+39.78%	+92.34%	+90.25%
S&p 500 Financials Sector	+0.35%	+0.81%	+2.14%	+9.85%	+25.50%	+53.06%	+124.33%
S&P 500	-0.11%	+3.21%	+4.75%	+12.10%	+24.82%	+88.04%	+174.28%
S&p 500 Industrials Sector	+0.10%	-1.59%	+0.59%	+7.05%	+21.39%	+63.87%	+117.35%
S&p 500 Consumer Discretionary Sector	-0.43%	-1.59%	-0.12%	+1.92%	+16.05%	+60.69%	+173.07%
S&p 500 Materials Sector	-1.01%	-0.64%	+0.99%	+4.44%	+13.70%	+58.00%	+80.16%
Health Care	+0.11%	+3.39%	+0.26%	+7.11%	+12.91%	+64.22%	+145.21%
S&p 500 Energy Sector	-0.47%	-4.09%	+3.43%	+6.78%	+11.85%	+52.60%	-2.80%
S&p 500 Consumer Staples Sector	-0.60%	+2.19%	+3.65%	+8.62%	+8.85%	+39.57%	+78.75%
S&p 500 Utilities Sector	-1.09%	+1.17%	+10.73%	+9.66%	+6.99%	+15.82%	+62.36%
S&p 500 Real Estate Sector	-0.86%	+2.35%	-4.63%	-5.61%	+2.86%	+3.07%	--

출처 : Fidelity

최근 1년간은 어땠는지 보니 정보기술 섹터가 40.78%로 가장 좋고, 커뮤니케이션 서비스 섹터가 근소한 차이로 뒤를 잇고 있습니다. 이 섹터에는 어떤 기업들이 있을까요?

먼저 정보기술 섹터입니다.

정보기술 섹터는 30.58%의 비중을 차지하고 있고 애플, 마이크로소프트, 비자, 엔비디아, IBM 등의 기업이 속해 있습니다.

다음은 커뮤니케이션 서비스 섹터입니다.

커뮤니케이션 섹터에는 구글, 메타(구 페이스북), 넷플릭스, 디즈니, AT&T 등의 기업이 있습니다.

역시 글로벌 기업이 대거 포진해 있어서 그런지 수익률도 좋습니다. 그럼 수익률이 가장 좋은 정보기술 섹터와 커뮤니케이션 서비스 섹터의 ETF에 투자하는 것은 어떨까요? 그래서 정보기술 섹터 대표 ETF인 XLK와 커뮤니케이션 서비스 섹터 대표 ETF인 XLC의 수익률은 어떤지 알아보았습니다.

XLK vs. XLC 수익률 비교

XLK Performance (As of 06/06/2024)

	1M	3M	YTD	1YR	5YR	10YR
XLK	4.96%	3.98%	11.94%	30.71%	24.75%	20.47%
XLK (NAV)	6.57%	5.19%	12.33%	31.12%	25.10%	20.55%

XLC Performance (As of 06/06/2024)

	1M	3M	YTD	1YR	5YR	10YR
XLC	4.53%	8.62%	17.27%	34.89%	13.66%	--
XLC (NAV)	5.88%	8.73%	17.24%	35.37%	13.75%	--

All returns over 1 year are annualized. All returns are total returns unless otherwise stated.

출처 : etf.com

정보기술 섹터 ETF인 XLK는 10년 평균 수익률이 20.47%이지만, 커뮤니케이션 서비스 섹터 ETF인 XLC는 2018년에 출시되어 5년 평균 수익률만 알 수 있는데 13.66%로 기대에 미치지 못합니다.

개별 기업 수익률

마지막으로 개별 기업 수익률을 알아보겠습니다. 하지만 어떤 개별 기업에 투자를 해야 할까요?

앞에서 제가 하고 있는 주식 투자법은 『내일의 부』에 기인한다고 했는데요. 그 책의 저자 조던 김장섭 님은 세계 1등 주식에 투자하는 것이 수익률도 좋고 마음 편한 투자를 할 수 있다고 했습니다.

2024년 6월 현재 세계 시가총액 1등 기업은 MS(마이크로소프트)이지만, 2018년(MS)을 제외하면 10년 넘게 애플이 줄곧 1위였습니다. 그러다가 2024년 초에 MS와 1, 2위가 뒤바뀌었어요. 하지만 언제라도 애플이 다시 1위 자리를 탈환할 가능성은 충분히 있습니다.

미국 기업 시가총액 순위

Symbol 100			↓ Market cap	Price	Change %	Volume
▦	MSFT	Microsoft Corporation	3.15 T USD	423.85 USD	-0.16%	13.621 M
⬤	AAPL	Apple Inc.	3.019 T USD	196.89 USD	+1.24%	53.104 M
◉	NVDA	NVIDIA Corporation	2.974 T USD	1208.88 USD	-0.09%	41.238 M
G	GOOG	Alphabet Inc.	2.164 T USD	175.95 USD	-1.35%	14.716 M
a	AMZN	Amazon.com, Inc.	1.918 T USD	184.30 USD	-0.38%	28.021 M
∞	META	Meta Platforms, Inc.	1.25 T USD	492.96 USD	-0.16%	9.379 M
BH	BRK.A	Berkshire Hathaway Inc.	893.318 B USD	622291.00 USD	+0.37%	2.301 K
⬤	LLY	Eli Lilly and Company	807.835 B USD	849.99 USD	+1.52%	2.469 M
◉	AVGO	Broadcom Inc.	651.867 B USD	1406.64 USD	+0.38%	1.786 M
JP	JPM	JP Morgan Chase & Co.	574.19 B USD	199.95 USD	+1.54%	6.964 M

출처 : trading view

2024년 6월 현재 기준 미국 기업 시가총액 순위는 ① 마이크로
소프트, ② 애플, ③ 엔비디아, ④ 구글, ⑤ 아마존, ⑥ 메타 순입니다.

그런데 이들 기업이 과거에도 현재와 같이 상위에 랭킹 되어
있었을까요? 개별 기업임을 고려할 때 10년으로 하면 너무 길어,
2020년을 기준으로 보겠습니다.

2020년 미국 기업 시가총액 순위 1~5위

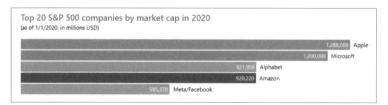

출처 : trading view

2020년 1월 1일 기준으로 시가총액 1위는 애플, 그 뒤가 마이크로소프트, 알파벳, 아마존, 메타(구 페이스북)로 2024년 6월 현재 엔비디아가 3위로 올라온 것 외에는 변화가 없습니다. 그렇다면 이 5개 기업의 수익률이 QQQ와 비교하여 어떤지 보겠습니다.

시가총액 상위 기업, QQQ와 XLK의 5년 수익률 비교

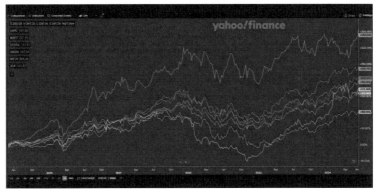

5년간 수익률을 비교해 보니, 아마존을 제외한 4개 기업의 수익률이 QQQ보다 앞서 있습니다. 특히나 한동안 시가총액 1위였던 애플의 성장률이 가장 탁월하네요. QQQ의 10년 평균 수익률이 18.42%임을 감안할 때, 시가총액 상위에 있는 기업과 정보기술 ETF인 XLK에 투자한다면 연평균 목표 수익률 20%를 달성할 수 있을 것 같습니다. (위에서부터 애플 340%, 마이크로소프트 235%, 구글 206%, XLF ETF 194%, 메타 172%, QQQ ETF 159%, 아마존 102%)

저는 딸아이의 대학 등록금, 결혼 비용 등 미래 자금을 위해 2022년 중반부터 현재까지 약 300만 원을 주기적으로 100만 원씩 딸아이에게 증여하여 대형주 위주로 적립식 소수점 투자를 하고 있는데요. 약 2년이 지난 후에 수익률은 어떻게 변화했을까요?

적립식으로 투자하고 있는 자녀 계좌 수익률

1년 목표 수익률인 20%를 넘은 연평균 약 25%의 수익률이며, 6월 배당금으로 세후 41.6달러(약 56,000원)를 받았습니다. 이처럼 하루 5, 6천 원이라도 꾸준히 아껴서 머니 트리의 씨앗을 뿌리고 관리해야 합니다. 이 씨앗이 무럭무럭 자라 튼실한 열매를 맺어 소중한 가족과 나 자신을 위한 삶의 방패가 되어 줄 것이라는 믿음으로 1,000원이라도 허투루 쓰지 않기 위해 노력하고 있습니다.

계란을 한 바구니에 담지 마라?!

투자 격언에 "계란을 한 바구니에 담지 마라."라는 말이 있습니다. 한 곳에 집중 투자하면 손실 위험이 크니, 분산 투자해서 다양성과 안전성을 가지고 가라는 뜻으로 이해할 수 있습니다.

하지만 제 생각은 좀 다릅니다. 이것은 자산이 있는 분들에게 해당하는 말이 아닐까 해요. 계란이 바구니에 꽉 찰 정도가 되어야 나누어 담을 텐데, 저는 자산이 거의 없기 때문에 바구니에 담을 계란이 없습니다.

솔직히 계란이 아니라 메추리알도 없습니다. 계란도 없는데 바구니만 늘리면 바구니 값만 더 들어가고, 관리는 관리대로 어렵게 됩니다. 그래서 오히려 한 바구니에 담아 집중적으로 키우고 관리하고 있습니다. 그렇게 메추리알을 계란으로 키우고, 그 수를 늘리는 중입니다.

그렇다면 저처럼 투자금이 적거나 초보 투자자는 위험에 그대로 노출되어야 할까요? 우리는 바구니에 대해서, 계란에 대해서 정말 치열하게 공부해야 합니다. 담을 바구니가 하나밖에 없으니 더 열심히 공부해서 튼튼하고 안전한 바구니와 쉽게 깨지지 않을 계란을 찾아야 합니다. 그리고 언젠가는 우리도 돈이 많아지면 필요할 테니 자산 배분 전략도 알아 두면 좋습니다.

사계절 포트폴리오

사계절 포트폴리오를 고안한 사람은 레이 달리오(Ray Dalio)입니다. 미국의 유명 헤지펀드인 '브릿지 워터'의 창립자인 그는 미국에서는 워런 버핏과 어깨를 나란히 할 정도로 유명한 투자 전문가이기도 하죠.

사계절(봄, 여름, 가을, 겨울)은 각기 다른 날씨 환경(햇빛, 기온, 바람 등)을 가지고 있습니다. 주식 시장에도 봄, 여름, 가을, 겨울과 같은 네 가지 국면이 존재한다는 가정에서 출발한 것이 바로 '사계절 포트폴리오'인데요. 계절의 변화 속에서도 안정적인 수익을 낼 수 있는 포트폴리오를 추구합니다.

경제 상황의 사계절 구분

구분	호경기(경기 상승)	불경기(경기 하락)
인플레이션 (물가 상승)	주식 원자재 회사채 신흥국채권	물가 연동 채권 원자재 신흥국채권
디플레이션 (물가 하락)	채권 물가 연동 채권	주식 채권

계절마다 '오르는 자산'과 '내리는 자산'이 있게 마련인데, 이런 자산을 적절히 분산하여 투자함으로써 어떠한 계절에서도 크

게 하락하는 것을 막고 꾸준히 우상향하면서 7~8%의 안정적인 수익을 거둘 수 있도록 구성한 것이 핵심입니다. 이렇게 찾은 최적의 비율은 주식 30%, 장기 채권 40%, 중기 채권 15%, 금 7.5%, 원자재 7.5%입니다.

하지만 최적의 비율에 맞는 사계절 포트폴리오를 구성하더라도 시간이 지나면서 주식, 채권 등 각 자산의 가격이 변함에 따라 비율의 변화가 생깁니다. 그렇기 때문에 연 1회 자산의 비율을 다시 맞추는 리밸런싱을 진행합니다.

사계절 포트폴리오는 ETF(Exchange Traded Funds, 거래소에 상장되어 실시간 매매되는 상장 지수 펀드)에 분산 투자하여 구성할 수 있는데요. 미국 주식(SPY) 30%, 미국 중기 국채(IEF) 15%, 미국 장기 국채(TLT) 40%, 금(GLD) 7.5%, 원자재(DBC) 7.5%를 예시로 들 수 있습니다.

사계절 포트폴리오는 낮은 변동성으로 심리적 안정감을 가질 수 있고, 각 자산군의 상관관계가 낮아 장기 투자에 적합한 전략입니다. 하지만 다양한 자산군에 분산 투자로 구성되어 있다 보니, 시장 평균을 넘어서는 추가 수익은 기대하기 어렵습니다.

자, 어떤가요? 주식뿐만 아니라 채권(미국 국채), 원자재, 금까지 공부해야 할 것들이 너무 많죠?

투자에는 정답이 없습니다. 다만 자신의 성향과 상황에 가장 적합한 투자법을 찾고, 장기적으로 꾸준히 실행하는 것이 중요합니다.

넥스트 테슬라, 넥스트 엔비디아보다
현재 테슬라, 엔비디아에 집중하자

'15년 전, 아니 10년 전에만 테슬라, 엔비디아에 투자했어도 지금쯤 경제적 자유를 이루고 전 세계를 여행하면서 편하게 살 수 있을 텐데.'

여러분은 테슬라가 천슬라, 엔비디아가 천비디아가 되었다는 소식을 접하고 이런 생각을 한 적이 있나요?

테슬라와 엔비디아 누적 수익률

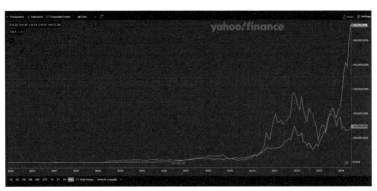

출처: 야후 파이낸스

15년 전에 테슬라와 엔비디아에 투자했다면 지금쯤 그 수익률은 엔비디아 약 56,000%(560배), 테슬라 약 14,000%(140배)입니다. 만약 그때 1,000만 원을 투자했다면 현재 56억과 14억으로 자산이 불어 있을 것으로 생각하니, 이 계산을 하는 저조차도 가슴이

두근두근합니다.

혹시 여러분은 지금도 이런 부푼 꿈을 안고 넥스트 테슬라와 넥스트 엔비디아를 찾고 있지는 않나요? 실제로 이 현상은 2021년에 두드러졌고, 이런 제목의 책이 출간되기도 했습니다. 사실 당시는 저도 기대감에 책도 사 보고 유명 유튜버가 추천해 주는 종목, 그리고 '돈나무 언니'라 불리는 캐시우드가 운용하는 ARKK ETF에서 어떤 종목을 샀다고 하면 저 역시 묻지도 따지지도 않고 매수하곤 했습니다. 바로 '텐베거(10배의 수익률을 낼 주식)'를 찾아서 말이죠.

여러분께 타산지석이 되길 바라는 마음으로, 불나방처럼 뛰어들어 불타 버린 제 종목 몇 개를 소개할까 합니다.

텔라독과 세렌스 주가 추이

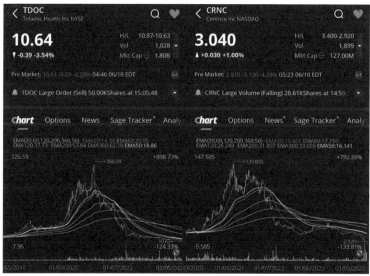

출처: webull

바로 텔라독(원격 의료서비스)과 세렌스(AI 음성인식 솔루션)인데요.

텔라독은 아크인베스트먼트 ARKK EFT에서 테슬라 다음으로 많은 보유 비중을 차지했던 기업이기도 합니다. 현재 주가는 10.64달러이니 최고점 308달러 대비 96% 하락했습니다. 세렌스도 현재 주가는 3달러이니, 최고점 139달러 대비 98% 하락했네요. 그 외에도 오픈도어, 레모네이드, 블록(구 스퀘어), 바이두 등 많은 기업이 있습니다.

당시 저는 넥스트 테슬라와 텐베거를 찾겠다며 약 50개 기업에 투자하고 있었는데요. 2022년 초부터 나스닥이 본격적인 하락을 시작했습니다. 근데 나스닥이 15% 빠졌을 때 이런 기업들은 반토막이 나더군요. 여러분은 스스로 몇 % 손실까지 버틸 수 있다고 보시는지요? 50% 손실을 감내하며 소위 말하는 '존버'할 수 있을까요? 이를 악물고 '존버'했더니 거의 100%가 하락해서 투자 원금이 거의 남지 않은 상황이 올 수도 있는데, 위 두 기업은 정말 그것이 현실이 되어 버렸습니다.

지금 생각하면 자신만의 투자 철학도 없이 뛰어든 제가 참 부끄럽습니다. 손실이 절반 이상 나니 말 그대로 저는 패닉에 빠졌고, 그 상황 자체가 너무 무서워서 대형 우량주 몇 개를 제외한 모든 주식을 다 정리해 버렸습니다. 결과적으로 절반의 손실을 감수하고 탈출했기에 나머지 절반이라도 건졌지, '미국 주식은 존버하면 언젠가는 오를 거야.'라는 막연한 기대에 버텼다면 거의 100% 손실을 봤을 겁니다.

큰 금액을 투자하지는 않았지만 그때 수업료를 톡톡히 내며 소중한 것을 배웠습니다. 그 뒤로는 무모하게 텐베거를 쫓는 투자가 아니라 매년 목표 수익률을 20%로 정하여, 그것을 이루고자 노력하며 현실적인 투자를 하고 있습니다.

안전 마진을 확보한 저점 매수법

우상향하는 기업의 주식을 저점에서 살 수 있다면 얼마나 좋을까요? 이제부터는 안전 마진을 확보한 저점 매수법에 관한 이야기를 하겠습니다.

요즘 최고 인기를 누리고 있는 엔비디아의 예를 들어보겠습니다. 2024년 3월 1,000달러(주식분할 전) 가까이 상승했던 엔비디아의 주가는 4월부터 하락하며 4월 19일에는 최고점 대비 20% 이상 하락한 약 750달러까지 내려갔습니다. 이때 더 내려갈지, 아니면 저점을 찍고 올라갈지 어떻게 알 수 있을까요?

사실 최저점을 맞추는 것은 어렵지만, 저점을 예측하고 그 근처에서 매수할 방법은 있습니다. 바로 공포와 탐욕 지수(Fear and Greed Index)를 활용하는 것입니다.

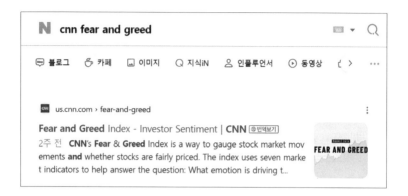

네이버나 구글에 'cnn fear and greed'를 검색하면, CNN에서 일곱 가지 지표에 동일한 가중치를 두어 만든 '공포와 탐욕지수'를 확인할 수 있습니다. 이 지표는 투자 심리 관점에서 증시가 어떤 상황인지 판단할 수 있는 기준이 됩니다. 여기서 말하는 일곱 가지 지표는 주가 모멘텀, 주가 강도, 주가 등락폭, 풋&콜옵션, 투기 등급 채권 수요, 시장 변동성 지수, 안전 자산 수요인데, 각각의 지표를 모두 분석할 필요는 없고 종합 점수만 보면 됩니다.

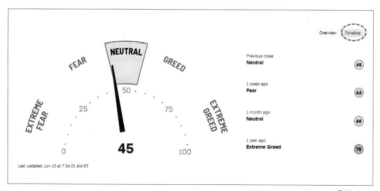

출처: CNN

공포와 탐욕 지수는 0에서 100까지 수치로 나타내며, 100에 가까울수록 시장이 탐욕으로 인해 과열되고 있는 것이고, 0에 가까울수록 공포로 인해 시장은 불안해지고 있다는 뜻으로 해석할 수 있습니다. 2024년 6월 현재 기준으로 공포와 탐욕 지수는 45이니 중간으로 보면 됩니다.

내가 사면 떨어지고 내가 팔면 오르는 분이 계신다면 아마도 다음과 같은 경우일 것입니다. 평소 주식에는 관심이 없는데 주위에서 주식으로 돈을 좀 벌었다는 이야기가 들리자, 이제 왠지 나만 뒤처지는 것 같아 거의 고점에서 매수를 합니다. 그러고 나면 얼마 후에 조정장이 와서 떨어지기 시작합니다.

처음 -10%까지는 그러려니 하며 애써 버텨보지만, -15%가 넘어가면서부터는 걱정이 됩니다. 그러다가 손실이 -20%가 넘어가면 더 이상 견디지 못하고 두려움에 팔고 시장을 떠납니다. 그러면 어김없이 다시 주가는 오르고, 역시 나는 주식 투자를 하면 안 된다며 자신을 책망합니다. 여러분은 어떠신가요?

여기서 중요한 것은 매수 타이밍인데요. 일단 지수가 탐욕 구간에 있을 때는 매수를 하면 안 됩니다. 이때는 너도나도 묻고 따지지도 않고 매수하는 구간으로 볼 수 있으니, 여러분이 공포와 탐욕 지수를 확인했는데 탐욕 구간, 그중에서도 75를 넘어서는 극한 탐욕 구간에 있다면 '조만간 떨어질 때가 오겠구나.'라고 여기며 때를 기다리는 게 좋습니다.

반대로 공포와 탐욕 지수가 공포 구간에 이르게 되면, 추가 손실을 막기 위해 너도나도 팔고 나가 버립니다. 결국 공포 구간, 특히 '극한 공포 구간'(25 이하)에 도달했을 때가 안전 마진을 확보하며 최저점에서 매수할 수 있는 최적의 타이밍입니다.

280쪽 하단의 '공포와 탐욕 지수'를 보면, 오른쪽 위 빨간색 동그라미 안에 'Timeline'이 있죠? 이걸 클릭해 보시기 바랍니다.

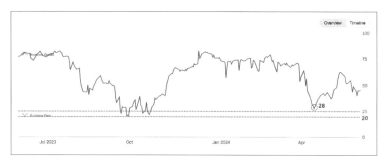

출처: CNN

그러면 이런 주가 차트같이 생긴 그래프가 나옵니다. 이것이 공포와 탐욕 지수를 날짜별로 나타낸 것인데요. 대략 20~25에서 지수가 반등하는 것을 볼 수 있습니다.

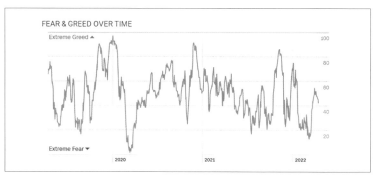

출처: CNN

CNN에서 제공하는 공포와 탐욕 지수는 지금은 바뀌어서 1년 기간만 조회가 가능합니다. 이 그래프는 2022년에 캡처해 놓은 것인데, 그래프를 보면 코로나 초기인 2020년 3월에 지수가 한 자릿수까지 떨어진 것을 제외하고는 대부분 20 언저리에서 반등하고 있는 것을 알 수 있습니다.

공포와 탐욕 지수는 미국 증시와 밀접한 관계가 있습니다. 저는 주로 나스닥에 투자하고 있으니, 나스닥 지수와 비교하여 보겠습니다.

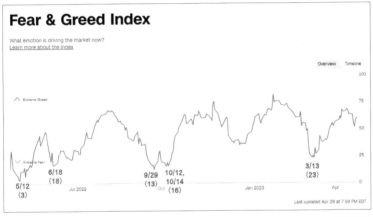

출처: CNN

2022년 5월부터 2023년 4월까지의 공포와 탐욕 지수입니다. 그리고 파란색으로 표기한 날짜에 저점을 찍고 반등하고 있습니다. 나스닥 지수는 어떠한지 보겠습니다.

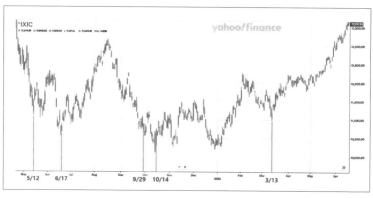

출처: 야후 파이낸스

나스닥 지수도 해당 날짜에서 저점을 찍고 반등하고 있는 것을 볼 수 있습니다. 저는 바로 이 점에서 착안해서 매수 타이밍을 잡습니다.

어떤 기준으로 분할 매수를 들어갈지는 본인이 여러 가지 상황을 고려하여 결정해야 합니다. 예를 들어 20을 매수 타이밍으로 잡는다면, 20까지 오지 않고 25에서 반등할 수도 있기 때문에 매수 타이밍을 놓치게 되죠.

그래서 저는 30으로 떨어지면 여러 상황을 보면서 4~5일간 집중적으로 분할 매수하고 있습니다. 그러한 이유로 경제 공부는 필수입니다.

하지만 몇 개월 동안 공포와 탐욕 지수가 공포 구간으로 오지 않을 때도 있는데요. 이럴 때는 어떻게 해야 할까요?

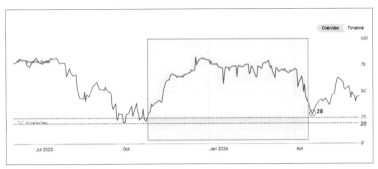

2023년 11월부터 2024년 4월 중순까지 공포와 탐욕 지수는 공포 구간으로 들어온 적이 없습니다. 사실 이 기간이 매수 타이밍 잡기가 어려운데, 저는 주로 경제 기사와 더불어 이동 평균선, MACD, SKD, RFI, MFI, CCI 등의 보조 지표를 활용하여 판단하고 있습니다.

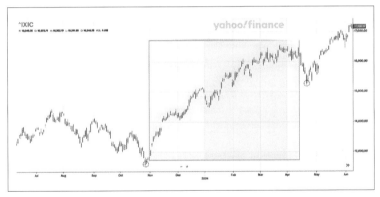

하지만 만약 본인이 왕초보라면 처음부터 모두 이해하기는 어려우니 이 시기에는 매일 소수점 매수를 하는 것도 좋은 방법이 될 수 있습니다. 예를 들어 투자 금액이 매월 20만 원이라면, 그중 50%인 10만 원은 매일 소수점 투자로 분할 매수하고, 나머지 50%인 10만 원은 매월 꾸준히 모아두었다가 공포와 탐욕 지수가 공포 구간에 진입하면 집중 분할 매수를 하는 것도 대안이 될 수 있지 않을까 합니다.

직장인의 화두에 돈과 투자 이야기가 빠질 수 없습니다. 연봉, 아파트 투자, 주식 투자 말이에요. 저 역시 동료들과 이런 이야기를 많이 하는데, 대부분의 결론은 "그래서 우리는 언제쯤 돈 걱정 없이 살 수 있을까?"였습니다. 저는 미국 주식에 투자하면서부터 사원, 대리급 회사 동료에게 종종 이런 이야기를 하곤 했습니다.

"미래를 위해 한 살이라도 일찍 저축이나 투자를 시작하는 게 어때요? 매월 10만 원씩이라도 노후 준비를 꾸준히 하면요?"

그러면 10명 중 9명은 이렇게 이야기합니다.

"저도 정말 하고 싶은데 돈이 10만 원도 없네요. 아파트 대출금에 이것저것 쓰면 정말이지 남는 게 하나도 없어요. 언제쯤 저축이나 투자를 할 수 있을지 모르겠습니다."

그리고 나서 점심 식사 후 양치하러 갈 때 그들의 책상을 보면 어김없이 놓여 있는 것이 있는데 무엇일까요?

바로 스타벅스 커피입니다. 그 커피를 보면서 저는 이런 생각을 했습니다.

'날마다 습관처럼 테이크아웃해서 마시는 그 커피만 안 마셔도 한 달에 최소 15만 원이라는 돈이 생기는데. 그리고 저축은 돈이 남아야 하는 게 아닌데.'

무조건 그런 커피를 마시지 말아야 한다고 이야기하는 것이 아닙니다. 카페에서 노트북으로 작업을 할 수도 있고, 독서나 공부를 할 수도 있고, 비즈니스 미팅을 할 수도 있습니다.

하지만 돈이 부족해서 매월 10만 원조차도 저축할 수 없다면서 아무런 목적성도 없이 그저 밥 먹고 후식으로 마시는 커피를 5,000원 주고 마셔야만 하는 것인지는 고민해 볼 필요가 있다고 봅니다. 물론 선택은 본인이 하는 것이지만 더 저렴한 커피도 있고, 드립백 커피도 있고, 심지어 탕비실에는 공짜 커피가 가득한데 말이에요.

하루 5,000원이면 한 달에 15만 원입니다. 앞의 투자 시뮬레이션에서 봤지만, 매월 15만 원씩 30년간 20%의 수익률로 투자하면 총금액이 얼마였죠? 무려 23억입니다.

여러분이 무심코 매일매일 습관처럼 마시는 5,000원짜리 커피 한 잔은 바로 30년 뒤 나를 돈 걱정 없이 살게 해줄 소중한 노후자금 23억이라는 것을 잊지 마시기를 바랍니다.

04

머니 트리의 씨앗을 심고 가꿔 얻은 열매

저는 해외에서 생활하다가 2005년에 한국에 들어왔고, 2007년에 국산 준중형 자동차를 사서 17년 이상 타고 다녔습니다. 애초 자동차에 욕심이 없는 사람인지라 차는 그저 교통수단으로만 생각했습니다. 그러던 중 2023년 장인어른과 장모님께서 본국을 떠나 한국에 완전히 정착하셨습니다. 아내가 외동딸인데, 딸도 무남독녀라 여생을 한국에서 함께 보내고 싶으셨다고 합니다. 처음 2개월 정도 함께 생활하시다가 지금은 근처에 집을 마련하여 살고 계십니다.

한국어가 안 되시니 평일에는 근처 시장이나 산책 정도만 다니시는데, 주말에는 자동차로 충청권까지는 당일치기로, 2~3개월에 한 번은 1박 2일로 여행을 함께 가고 있습니다. 마침 장인어른도 운전면허증을 발급받아서 저와 교대로 운전하고 계십니다.

그런데 저와 아내, 딸아이까지 세 식구일 때는 준중형 차량도 문제 되지 않았는데, 5명이 되니 상당히 좁더라고요. 딸아이가 5학년이라고는 하지만 키가 165cm가 넘어서 성인 체형으로 봐야 하니 말이죠. 그리고 차가 오래되어 서서히 잔고장이 나기 시작하더군요. 도저히 안 되겠다 싶어 이참에 차를 바꾸기로 했습니다.

지난겨울, 장인어른과 장모님을 모시고 제주도를 다녀왔습니다. 평소라면 중형차를 렌트했겠지만, 장인어른과 번갈아 가며 운전하게 되어 안전 사양이 많은 대형차를 렌트했습니다. 이때 처음으로 전후방 카메라, 360도 어라운드 뷰, 헤드업 디스플레이 등의 고급 사양이 들어가 있는 차를 운전해 봤는데, 확실히 운전할 때 많은 도움이 되었습니다.

그렇게 제주도의 기억이 떠올라 이왕 차를 바꾸는 거, 이제는 5명이 타고 장인어른도 운전하시니 대형차 위주로 알아보았습니다. 새 차를 살지 생각도 했지만 가격도 비쌀뿐더러, 힘들게 아끼고 부업하며 모은 돈을 차량 구매에 쏟아붓고 싶지 않아 가성비를 고려해 중고차를 알아보았습니다. 하지만 제가 원하는 사양이 있는 차량을 알아보다 보니, 국산차 중 최고급 세단까지 눈높이가 스멀스멀 올라가길래 안 되겠다 싶어 총예산을 2천만 원으로 한정했어요. 열심히 손품을 판 결과 킬로 수는 10만을 넘었지만 연식은 상대적으로 짧고 관리는 비교적 잘되어 있고, 나아가 제가 원하는 사양을 두루 갖춘 차량을 발견하여 결국 구매했습니다.

저는 차량을 구매할 때 신용 대출을 이용하는 방법을 생각했습니다.

'2천만 원으로 매월 최소 100만 원 이상의 현금 흐름을 만들었으니, 원금은 계속 굴리고 거기서 나온 머니 트리의 열매로 할부금을 내면 되겠구나. 이자를 감안하더라도 몇 년간 매월 40만 원 정도만 상환하면 되니 원금은 유지되고 할부금을 제외하더라도 매월 60만 원 이상 수익이 창출되니 이게 좋겠다.'

기존 차량은 17년 이상으로 오래되어 중고차로 팔 수 없을 것 같아 수출업자에게 넘기는 것을 알아보고 있었는데요. 마침 장인어른도 차가 있으면 평일 장을 보러 갈 때도 편하니 기존 차를 본인이 쓰겠다고 하셨습니다.

장인어른께서는 매월 몇만 원 이자 나가는 것도 아깝고, 마침 남는 돈이 있으니 사주겠다고 하시는 것을 빌리는 것으로 했습니다. 어차피 신용 대출을 받아도 이자가 나가니 장인어른께 빌리는 대신 기존 차량의 보험료, 자동차세 등은 제가 부담하는 것으로 일단락 지었습니다. 이제 평일에는 장인어른이 직접 운전하셔서 장모님, 아내와 함께 근처에 나가 산책도 하고 마트에서 장도 보시며 예전보다 폭넓은 한국 생활을 하고 계셔서 저도 한결 마음이 편안합니다.

이제야 약간의 현금 흐름을 만든 것에 불과한 제가 이런 사례를 넣은 것은 적은 금액이라도 자동화 파이프라인을 만드는 것이 중요하다는 말이 하고 싶었기 때문입니다. 그래야만 그 맛을 느끼고 다음 스텝을 계획하고 도전할 수 있습니다.

몇 달 전, 부산에서 발령받고 팀으로 온 곧 서른을 앞둔 동료가 있습니다. 자리가 제 옆이라 이런저런 이야기를 나누었는데, 재테크에 많은 관심이 있었어요.

마침 미국 주식이 한창 올라가다가 조정을 받는 시기가 와서 매수 타이밍인 것과 제가 투자하며 배당을 받는 몇 개 기업 그리고 투자 시 유의 사항을 알려준 적이 있습니다. 목요일인가 금요일 점심시간에 이야기해 주었는데, 금요일 저녁 고향인 부산에 내려가는 기차에서 고배당주 위주로 50만 원을 매수했더라고요. 실행력이 참 좋죠?

그런데 마침 운 좋게도 매수한 그날이 앞에서 설명했던 저점 매수가 가능한 시기였고, 때마침 배당락일을 며칠 앞둔 4월 말이었습니다. 이후에 물어보니 약 1주일 후에 5월 배당금을 받을 수 있었다고 하더군요. 6월에는 더 많은 배당금을 받았는데 주가도 15% 이상 올라 기분이 좋다고 했던 기억이 납니다.

이제 그 동료는 단기 임대 용도로 얻을 오피스텔을 알아보고 있는데요. 이 책이 출간될 즈음에는 단기 임대로 수익을 창출하고 있기를 기대해 봅니다.

여러분도 제 동료처럼 많지 않은 금액이라도 빨리 시장에 발을 담그고 머니 트리의 씨앗을 뿌려 그 열매를 수확하여 맛보시길 바랍니다.

PART 5

" 특별한
수익 창출 방법 "

: 나를 브랜딩하기

01

나를 특별하게 만드는 '원씽'에 주력하라

지금까지 1~4장에 걸쳐 돈 공부의 필요성, 아끼고 부업으로 모은 돈으로 자본 소득을 만드는 방법에 관해 이야기했습니다. 마지막 장인 이번 5장에서는 나를 브랜딩하는 '퍼스널 브랜딩'에 대해 다루려고 합니다.

N잡이 우리 사회의 트렌드로 자리 잡으면서 '퍼스널 브랜딩'을 주제로 한 책들도 많이 나오고 있습니다. 그만큼 많은 사람들이 퍼스널 브랜딩에 열광하고 있다는 뜻이기도 하겠죠. 그렇다면 퍼스널 브랜딩을 통해 이루고자 하는 것은 무엇일까요?

제가 처음으로 퍼스널 브랜딩에 대해 고민했을 때는 그저 나 자신을 상품화해서 큰돈을 벌고 싶다는 막연한 생각에서 출발했습니다.

'나를 매력적인 브랜드로 만들어 경제적 자유를 얻고, 내 시간을 스스로 통제하면서 다른 사람 눈치 안 보며 내가 하고 싶은 것만 하면서 산다! 영향력을 바탕으로 공동 구매도 하고, 독서 모임도 하고, 강의도 하고, 출판사에서 출간 제안을 받아 책도 쓸 수 있지 않을까?'

그러면서 브랜딩을 하기 위해서는 성공한 모습을 보여 주는 것이 제일 효과적이라고 생각했습니다.

비즈니스석을 타고 우아하게 기내식을 먹는 사진, 멋진 석양의 바다가 보이는 프라이빗 호텔에서 한쪽 테이블에는 노트북을, 또 다른 한쪽에는 와인 잔을 들고 있는 사진을 SNS에 올리며 '나 이제 이렇게 살아. 근데 너도 할 수 있어.' 뭐 이런 광고에서 흔히 볼 수 있는 장면을 연출하며 말이죠.

하지만 곧 현실의 벽에 부딪혀 그건 헛된 망상에 불과하다는 것을 깨달았습니다. 어느 정도 성과를 만들어 놓은 사람이라면 바로 브랜딩으로 연결할 수 있겠지만, 저는 이루어 놓은 것이 아무것도 없기 때문입니다.

'나는 내세울 게 전혀 없는데 뭐로 나를 브랜딩하지? 그럼 월천대사를 목표로 해보자. 일단 급여 외 '온라인 건물주'로 1,000만 원을 번다는 콘셉트로 퍼스널 브랜딩을 만들어 보는 거야.'

처음에는 온라인으로 하는 무자본 창업이라 돈도 안 들어가니, '하나만 걸려서 터뜨리면 된다'는 심정으로 다양한 부업에 도전한

면도 있습니다. 치킨 튀기는 법도 모르고 치킨집을 차리고, 커피 한 잔도 내릴 줄 모르면서 카페를 창업하는 사람은 없죠. 치열하게 준비하고 창업해도 성공을 보장할 수 없는 것이 현실입니다.

'온라인 건물주'가 되려면 온라인 사업 영역이라는 가상의 공간에 나만의 건물을 세워야 합니다. 튼튼한 건물을 짓기 위해서는 설계도가 있어야 하고 골조를 세워 기초공사도 해야 하죠. 그리고 유니크한 콘셉트로 인테리어 공사를 한 다음 준공해 월세를 잘 받아야 합니다.

하지만 저는 돈이 들지 않는다는 온라인 창업의 장점만을 고려한 채 제대로 된 준비조차 하지 않았습니다. 당연히 튼튼한 건물을 짓기 위한 설계도, 대들보에 해당하는 전략과 액션 플랜조차 없었어요. 그냥 하나만 터뜨리면 된다는 마인드로 문어발식 온라인 창업을 시작했습니다.

수익화만 쫓아 모래 위에 대충 세운 건물이 튼튼할 리가 없죠. 그러다 보니 퇴근 후 매일 3시간도 못 자고 열심히 해도 성과는 없이 몸만 상하게 되는 지경에 이르렀고, 결국 저는 번아웃에 빠졌습니다. 사상누각(沙上樓閣)처럼 모래 위에 세운 건물이 와르르 무너져 버린 것입니다.

답답한 마음에 일주일 넘게 심신을 위로한다는 핑계로 집에 오면 침대에 누워 유튜브를 보면서 시간을 축내던 저는 문득 한 가지를 생각하게 됩니다.

'퇴근 후 집에서 활용할 수 있는 시간은 최대로 잡아도 3시간이라 한 가지만 하는 것도 벅차다. 내가 가진 콘텐츠 중 단 한 가지만 선택해야 한다면 무엇을 선택해야 할까? 나를 가장 빛나게 해줄 그 '원씽(One Thing)'은 무엇일까?'

앞에서 이야기했듯이, 저는 '취미는 돈 모으기, 특기는 빚 갚기'라고 할 정도로 짠테크 방면에는 어느 정도 자신이 있었습니다. 이에 가장 빨리 자신을 드러낼 수 있는 '원씽'을 짠테크로 정하고, 그때부터는 이것을 어떻게 브랜딩과 수익으로 연결시킬 수 있을 것인지 고민했습니다.

저는 짠테크뿐만 아니라 내 소중한 자산을 지키기 위한 경제 공부의 중요성을 강조하고 있습니다. 나아가 하루 커피 한 잔 마실 돈 5,000원으로 미국 주식에 투자하고 있습니다.

대한민국의 현재를 살고 있는 3050 중에서 노후 준비와 자녀 교육에 관심 없는 사람은 없다는 점에서 힌트를 얻었습니다. 그리하여 '짠테크, 경제 공부, 투자'를 다음과 같이 유기적으로 만들어 보기로 했습니다.

짠테크 + 경제 공부 = 돈 공부, 투자 = 경제적 자립

이어서 위의 기본 콘셉트를 다듬어 확장했습니다.

▸▸ **자녀의 교육, 결혼 등 미래 자금 목적** 우리 아이 부의 지름길을 열어 줄 엄마표 돈 공부

▸▸ **나와 배우자를 위한 노후 자금 목적** 하루 커피 한 잔 값으로 만드는 복리의 기적

▸▸ **퇴사를 꿈꾸는 직장인** 평생 휴가를 꿈꾸는 직장인 가이드

이렇게 세부적으로 나누었더니 대상이 세 부류로 나왔습니다. 하지만 그 뿌리는 같습니다. 여기서 한 가지를 더 파생시켰는데요.

▸▸ **자녀 경제 교육** 생활 속 경제 교육으로 우리 아이 부자 습관 만들기

바로 제가 딸아이의 경제 교육을 위해 했던 것들을 정리해 또 다른 콘셉트로 추가했습니다.

그러면서 짠테크, 경제 공부, 미국 주식 투자 이야기를 저만의 스토리텔링으로 블로그에 지속적으로 포스팅한 것이 인연을 맺어 공공기관 및 온라인 강의로 이어졌고, 소액이긴 하지만 수익까지 연결할 수 있었습니다.

지금까지 모래 위에 세운 온라인 건물이 무너지고 번아웃에 빠졌다가 '원씽' 전략으로 수렁을 가까스로 헤쳐나온 저의 이야기였습니다. 여러분도 예전의 저처럼 다양한 것들을 하면서 수익화를 이루기 위해 애쓰고 있나요? 그렇다면 하루라도 빨리 나를 특별하게 만들어 줄 '원씽'을 찾아 실행해 보세요. 시간의 제약으로 모든 것을 하기에는 현실적인 무리가 있고, 무엇보다 이것저것 다 한다는 것은 결정적인 하나가 없다는 방증이기도 합니다.

하지만 그동안 쌓아놓은 것 하나 없이 0에서 출발해야 하기 때문에 아무리 고민해도 아직 '원씽'이 없는 분도 있을 겁니다. 그럴 때는 너무 걱정하지 마시고, 자신만의 '원씽'을 만들어 가 보는 것은 어떨까요? 그리고 그 과정을 SNS에 차곡차곡 기록하여 남겨 보세요. 나만의 지식 창업 콘텐츠가 없을 때 어떻게 해야 하는지 다룬 '3장'의 내용처럼 말이에요. 온라인 건물주가 되기 위해 꼼꼼하게 설계도를 그리고, 튼튼한 골조를 세워 보는 겁니다.

이제 다음 챕터부터는 퍼스널 브랜딩을 위해 제가 실행했던 구체적인 사례를 들어 이야기하겠습니다. 다만 제가 새롭게 만든 것은 아니고, 강의를 통해 배운 것과 독서를 통해 얻은 인사이트를 활용하여 제 방식으로 각색하여 적용했습니다. 저도 아직은 진행형이지만 그 과정을 공유하니, 참고하여 나만의 방향성을 설정하는 데 도움이 되길 바랍니다.

02

브랜드 철학으로
나의 핵심 가치를 정립하라

여러분은 '퍼스널 브랜딩'이 어떤 것이라고 생각하시나요? 퍼스널 브랜딩은 오늘날과 같은 경쟁이 치열한 세상에서 자신을 돋보이게 하는 필수적인 전략이라고 알려져 있습니다.

저는 그 필수적인 전략인 '퍼스널 브랜딩'에 대해 고민했지만, 늘 막연하고 실체가 없는 뜬구름 잡는 이야기로 느껴질 때가 많았습니다. 사실 이걸 고민한다는 그 자체가 평범한 사람이라는 뜻이기도 하지만 말이에요. 그래서 쉽게 저만의 구체적인 방식으로 풀어 보고자 했습니다.

우선 '퍼스널 브랜딩'을 내가 인생에서 이루고 싶은 목표로 정하고 이것을 이루어 가는 과정으로 정의했습니다. 인생 목표가 이루어질수록 자연스럽게 브랜딩도 가능해지도록 말이죠. 결국 다른 사람에게 내세우고자 함이 아닌, 자신을 위한 인생의 방향성이라 할 수 있습니다. 또한 설령 '퍼스널 브랜딩'이 안 된다고 하더라도 목표를 하나하나 이루어 갈수록 먹고사는 문제를 해결할 수 있는 구조로 만들었습니다. 이렇게 하니까 '퍼스널 브랜딩'이 부담스럽게 느껴지지 않았어요. 지금부터 제가 다루는 이야기는 모두 자신을 위해 실행한 것들이니, 초점을 '나의 성장'에 맞춰서 봐주시기 바랍니다.

이제 브랜드 철학에 대해 알아보겠습니다. '브랜드 철학'이라고 하니 거창해 보이지만, 저는 어렵지 않게 '제 인생의 철학, 좌우명, 신념' 등으로 해석하여 정리했습니다.

퍼스널 브랜딩 철학, 아이덴티티	
퍼스널 브랜딩 전개	경제적 자유를 이루어 가는 과정 및 노하우 공유 (실패 경험, 절약, 투자, 부자 마인드)
브랜드 핵심 가치	성실, 신뢰, 전문성
퍼스널 브랜딩 콘셉트	근검절약과 자기계발을 통해 변화와 성장을 돕는 조력자, 카운슬러

제가 궁극적으로 원하는 것은 근검절약, 자기계발, N잡, 투자를 통해 부자는 아니더라도 돈 걱정 없이 사는 삶이며, 이를 다르게 해석하면 '경제적 자립' 또는 '경제적 자유의 달성'이라고 할 수 있습니다. 또한 저는 성실과 신뢰를 좌우명으로 여기고 있으며, 거기에

전문성을 더해 저만의 스토리텔링으로 경제적 자유를 이루어 가는 과정과 노하우를 공유하고 싶었습니다.

이는 내 인생철학을 명확히 하는 것에 더 큰 의미가 있습니다. 브랜드 철학이 곧 내 인생철학이니, 내가 목표하는 삶을 살면 브랜드의 정체성도 확고히 할 수 있습니다. 다만 나의 인생 목표가 다른 사람에게도 도움을 줄 수 있는 콘텐츠여야 브랜드로서 가치가 있다는 것이 중요한 포인트입니다.

자, 이제 여러분의 인생 목표와 브랜드 철학 그리고 핵심 가치는 무엇인지 노트를 펴고 적어 보시기 바랍니다. 처음부터 완벽할 필요는 없으니 여유를 가지고 해보세요. 저도 2주 동안 작성하고 수정을 거치며 한 달 이상 걸렸으니까요.

03

브랜드 스토리로
공감을 일으켜라

브랜드 철학에 이어 이번에는 브랜드 스토리에 관해 이야기하고자 합니다. 브랜딩에서 가장 중요한 요소는 브랜드 스토리이며, 내 콘텐츠의 차별화를 위해서 반드시 필요합니다. 이는 나의 이야기를 통해 소비자와의 깊은 공감과 연결을 형성하고, 독창적인 브랜드 이미지를 구축하여 소비자의 기억에 오래 남도록 하는 중요한 도구이기 때문입니다.

그럼, 세상이 공감하는 브랜드 스토리는 어떻게 만들어야 할까요? 저는 'EIC'라는 구조로 스토리를 탄생시켰는데, 이제부터 제 브랜드 스토리는 어떻게 세상에 나오게 되었는지 알아보겠습니다.

EIC에서 E는 Experience(경험), I는 Insight(깨달음), C는 Change(변화)를 뜻합니다. 쉽게 말해서 '과거에 내가 겪은 어떤 일이 있었는데, 이 경험으로 나는 이러한 것을 깨닫고 이렇게 변화했다.'입니다. 그럼, EIC 구조로 만든 저의 브랜드 스토리는 무엇일까요?

인생업의 브랜드 스토리

- ▸▸ **Experience(경험)** 사기 사건에 얽혀서 도덕적인 책임으로 2억 5천을 떠안고 폐인이 되었으나, 살기 위해 극한 절약 생활을 하며 외벌이 가정에서 3년간 1억이 넘는 대출을 상환하며 이를 극복했습니다. 그러나 코로나로 인해 회사 내 희망퇴직과 구조 조정의 칼바람이 불었고, 정리 해고 직전에 기적처럼 생존하여 월급 노예의 삶을 이어갈 수 있었습니다.

- ▸▸ **Insight(깨달음)** 비록 운이 좋게 정리 해고의 위기는 가까스로 모면했지만, 20년이 넘도록 직장 생활만이 유일한 해답이라고 여겨 온 자신을 돌아보니 스스로 한심한 생각이 들었습니다. 또한 과학 기술의 발달로 100세 시대를 살아가는 현실에서 직장만이 삶이 전부는 아니라는 사실을 깨달았습니다.

▶▶ **Change(변화)** 이런 일은 언제든지 예고 없이 다시 닥칠 수 있기에 이를 계기로 월급 노예를 벗어나고 생존하기 위한 자기계발과 N잡을 시작했습니다. 퇴근 후 회사 밖에서 다양한 업(業)을 만들어 수익 창출과 스스로를 고용하는 시스템을 구축하고 급여 외 월 1,000만 원의 부수입을 창출했습니다. 그래서 저의 꿈도 이루어 가며 불과 얼마 전의 저처럼 미래에 대한 두려움으로 밤잠을 설치는 이들과 온라인 지식 창업 과정에서 얻은 노하우를 나누고 도우며 함께 성장하겠다고 결심했습니다.

이번에는 브랜드 스토리를 작성할 때 유용한 팁을 드리고, 이해를 돕기 위해 제 사례를 들어 설명하겠습니다.

우선 정직함과 진정성이 있어야 합니다. 너무 과장되거나 진정성이 없는 이야기는 오히려 신뢰를 떨어뜨릴 수 있으니까요. 성공뿐만 아니라 실패와 약점도 솔직하게 이야기하세요. 더 인간적으로 보이게 하고 더 쉽게 공감할 수 있게 합니다. 저는 '사기에 얽힌 이야기, 정리 해고될 뻔한 이야기'를 솔직하게 털어놓았습니다.

브랜드 스토리는 단순한 경험 공유가 아니라, 그 경험을 통해 얻은 가치와 교훈을 전달하는 것이 중요합니다. 명확한 메시지와 실질적 교훈이 담기도록 구성해 보세요. 저는 "100세 시대에 직장 생활만이 답은 아니다. 그러므로 퇴근 후 회사 밖에서 다양한 업(業)을 만들어 수익 창출과 스스로를 고용하는 시스템을 구축하는 것이 중요하다."라는 명확한 메시지와 실질적인 교훈을 이야기했습니다.

또한 계획과 비전을 명시하여 나의 메시지에 공감하고 여정에 동참하게 유도하는 것이 좋습니다. 저는 "부업 관련 노하우를 나누며 함께 성장하고 싶다."고 표현했습니다.

Experience(경험)와 Insight(깨달음)는 과거에 발생한 것이기에 이 두 가지는 그리 어렵지 않게 작성할 수 있을 겁니다. 하지만 Change(변화)는 현재 또는 미래의 목표와 의지를 나타내기 때문에 어렵게 느낄 수 있습니다.

이럴 때는 위에서 이야기한 나의 인생 목표를 브랜드 철학과 일치시켰던 것에 힌트를 얻어 작성해 보세요. 더 상세하게 표현한 것일 뿐, 그 핵심은 같으니까요.

04

BTS로 브랜드 콘셉트를 구체화하라

이번에는 브랜드 콘셉트에 대한 이야기를 해보겠습니다. 브랜드 콘셉트는 사람들에게 전달하고자 하는 핵심 아이디어와 가치에 대한 정의이며 기업과 제품 그리고 개인에게도 필요합니다. 브랜드 콘셉트는 어떤 이미지를 가지고 있고, 어떤 메시지를 전달하며, 어떤 가치를 추구하는지 간결하면서도 명확하게 표현해야 합니다.

그런데 간결하면서도 명확하게? 이건 뭐 간단하면서 화려하게도 아니고, 고민할수록 머리만 더 아파지기 시작합니다.

그래서 여러분이 브랜드 콘셉트를 쉽게 도출할 수 있도록 BTS 전략을 소개하고자 합니다. BTS라고 하니 혹시 방탄소년단이 떠올랐나요? '방탄소년단'처럼 확실히 기억할 수 있도록 영어 머리글자를 따서 만들었는데요. BTS는 Background(배경/경험),

Target(대상), Support(지원), 이 세 가지인데 하나씩 구체적으로 알아보겠습니다.

▸▸ **Background (배경·경험)** 첫 번째는 증명·근거가 되는 배경·경험으로, 앞서 브랜드 스토리의 내용을 함축시킨 것과 유사합니다. 저는 외벌이 가정에서 3년간 1억이 넘는 대출을 상환하며 체득한 절약 노하우가 있습니다. 또한 정리 해고에서 기적처럼 생존한 후, 월급 노예를 벗어나고 생존하기 위해 지식 창업을 시작하여 급여 이상의 부수입을 창출한 경험이 있는데요. 바로 이 두 가지가 해당 분야에서 저를 증명할 수 있는 배경이 됩니다.

▸▸ **Target (대상)** 두 번째는 명확한 타깃을 설정하는 것입니다. 본인이 고민했던 문제와 유사한 고민을 하는 사람일 겁니다. 제 경우는 '부수입 창출을 원하는 직장인, 프리랜서, 경단녀, 육아맘 등'이 타깃층이 될 수 있습니다.

▸▸ **Support (지원)** 세 번째는 '나는 타깃에게 어떤 도움이나 지원을 해줄 수 있는가?'입니다. 저는 '절약 방법과 온라인 지식 창업 과정에서 얻은 노하우를 공유하여 불안한 미래를 대비할 수 있는 도움을 준다.'라고 정의했습니다.

▸▸ Concept (콘셉트) BTS를 작성했다면 이제 마지막으로 브랜드 콘셉트를 도출합니다. 저는 '경제적 자립 카운슬러로서, 절약과 지식 창업 경험을 통해 경제적 자립을 이루고자 하는 이에게 실질적인 조언과 지원을 제공한다.'라고 콘셉트를 정의하고 스스로를 포지셔닝 했습니다.

이상의 내용을 바탕으로 저의 브랜드 콘셉트를 간결하고 명확하게 정리해 보겠습니다.

인생업의 브랜드 콘셉트

▸▸ Background 절약 생활과 지식 창업을 통해 급여 이상의 부수입을 창출한 경험을 바탕으로

▸▸ Targe 경제적 안정을 원하는 이에게

▸▸ Support 절약 방법과 지식 창업 노하우를 공유하여 실질적인 성장을 돕는

▸▸ Concept 인생업은 경제적 자립 카운슬러이다.

그렇다면 퍼스널 브랜딩에서 브랜드 콘셉트는 어떤 역할을

할까요?

브랜드 콘셉트는 등대와 같다고 비유할 수 있는데요. 등대는 어두운 밤바다에서 항해자의 동행자가 되어 방향을 제시하여 연안의 암초 등을 피해 배가 안전하게 기항지까지 도착할 수 있도록 돕는 길잡이 역할을 합니다. 등대가 없다면 칠흑 같은 어둠 속에서 어디에 있는지 어느 쪽이 기항지인지 방향을 알 수가 없습니다.

브랜드 콘셉트도 이와 같습니다. 나의 브랜드 콘셉트를 정립함으로써 목표와 방향을 명확히 하고 목표 달성을 위한 구체적인 계획을 세우고 이를 기반으로 일관된 메시지와 이미지를 형성하고 유지할 수 있습니다.

저는 브랜드 콘셉트 역시 자신의 성장을 위해 필요한 것이라 보는데요. 그 이유는 이렇게 기준을 정해 놓으면 주변에서 '뭐가 좋다더라, 누구는 어떤 걸 해서 돈을 꽤 벌었다더라.'라는 말을 들어도 내 콘셉트에 따라 판단하여 흔들리지 않고 나의 길을 갈 수 있기 때문입니다.

만약 판단할 수 있는 기준이 되는 콘셉트가 없다면 어떻게 될까요? 팔랑귀가 되어 방향성 없이 갈팡질팡하고, 자신의 성장과 무관한 것에 시간과 돈을 허비하게 될 가능성이 큽니다.

지금까지 BTS 전략을 활용하여 브랜드 콘셉트를 도출하는 과정을 살펴보았습니다. 명확한 브랜드 콘셉트는 퍼스널 브랜딩의 기초이며, 성공적인 브랜딩을 위한 필수 요소입니다.

이제 여러분도 BTS 전략을 활용해 자신만의 브랜드 콘셉트를 확립하고, 이를 통해 목표 달성으로 한 걸음 더 나아가 보세요. 명확한 방향과 일관된 메시지가 나의 브랜딩 여정을 안내하는 밝은 등대가 되어 줄 것입니다.

05

미니 만다라트로
브랜딩 스토리를 전개하라

　앞서 저는 '퍼스널 브랜딩'을 내가 인생에서 이루고 싶은 목표로 정하고 이것을 이루어 가는 과정으로 정의했습니다. 이러한 제 인생 목표가 이루어질수록 자연스럽게 브랜딩도 가능해지도록 설계했다고 이야기했습니다. 이번 챕터에서는 브랜딩 스토리를 전개하고 인생 목표에 다가서기 위한 구체적인 실행 방법을 다루고자 합니다.

　제 인생 목표를 한 단어로 하자면, '경제적 자립'입니다. 하지만 이런 생각이 들지 않나요?

　'그래, 경제적 자립이 목표인 것은 알겠는데 실체 없이 뜬구름 잡는 이야기 같고, 어디서부터 무엇을 어떻게 해야 하는지 막연하게만 느껴져.'

'경제적 자립'이라는 최종 목표는 있지만, 어떻게 이루겠다는 구체적인 방법이 없습니다.

우리는 민족 최대의 명절인 설이나 추석이 되면 고향에 계신 부모님을 찾아뵈러 갑니다. 민족의 대이동이니 귀성객이 몰릴 수밖에 없죠. 그러다 보니 어떻게 하면 고향까지 빠르고 안전하게 갈지 미리 계획을 세웁니다. 기차나 버스로 가는 경우에는 표가 부족하니 제때 예매하는 것이 가장 중요합니다. 만약 자가용으로 간다면 교통 체증을 피해 언제, 어떤 도로로 갈 것인지 계획을 짭니다. 고속도로가 막히지 않는 새벽에 떠나기도 하고, 어느 지점까지는 고속도로를 타고 가다가 국도로 빠져 샛길로 가기도 하죠. 부모님이 계신 고향에 도착하는 것이 최종 목표라면, 자가용을 이용하는 것은 '전략', 몇 시에 어떤 길로 갈 것인지는 '액션 플랜'에 해당합니다.

이러한 전략과 액션 플랜을 우리의 인생 목표에 적용하면, 목표를 보다 체계적이고 구체적으로 달성할 수 있습니다. 마치 부모님이 계신 고향에 도착하기 위해 구체적인 계획을 세우는 것처럼, 인생 목표를 이루기 위해서도 명확한 전략과 실행 계획이 필요합니다.

이제 만다라트 기법을 활용하여 브랜드 스토리를 전개하고 구체적인 실행 계획을 세우는 방법을 소개하겠습니다. '만다라트 기법'은 목표를 달성하기 위한 구체적인 전략과 액션 플랜을 시각적으로 정리하는 도구입니다.

실천방안	실천방안	실천방안						
실천방안	A	실천방안		B				C
실천방안	실천방안	↘		↑			↗	
			A	B	C			
	D	←	D	최종목표	E	→	E	
		↘	F	G	H	↗		
		↗		↓		↘		
	F			G			H	

만다라트는 만다라(曼茶羅)와 아트(Art)가 합쳐져 만들어졌다고 하며, 일본의 디자이너 이마이즈미 히로키가 고안한 것으로 '만다라트'란 불교의 만다라 모양에서 유래했습니다. 만다라 모양으로 칸을 만들어 목표를 중심에 두고 이를 이루기 위한 여덟 가지 방법을 주변에 배열합니다. 각각의 방법을 다시 세부적으로 나누어 총 64개의 작은 사각형에 목표와 방법들을 시각적으로 정리하는데, 이 기법은 목표를 명확히 하고, 이를 달성하기 위한 구체적인 계획을 세우는 데 유용합니다.

만다라트가 유명해지게 된 것은 야구선수 '오타니 쇼헤이'의 공이 크다고 할 수 있는데요. 미국 메이저리그에서 성공한 쇼헤이가 고등학교 1학년 때 작성한 만다라트가 공개되면서 많은 사람들의 관심을 끌기도 했습니다.

만다라트 작성 사례_오타니 쇼헤이

몸 관리	영양제 복용	FSQ 90kg	인스텝 개선	몸통 강화	축 흔들리지 않기	각도를 만든다	위에서 부터 공을 던진다	손목 강화
유연성	몸 만들기	RSQ 130kg	릴리즈 포인트 안정	제구	불안정 없애기	힘 모으기	구위	하반신 주도
스태미나	가동역	식사 저녁7숟갈 아침3숟갈	하체 강화	몸을 열지 않기	멘탈 컨트롤	볼을 앞에서 릴리즈	회전수 증가	가동역
뚜렷한 목표, 목적	일희일비 하지 않기	머리는 차갑게 심장은 뜨겁게	몸 만들기	제구	구위	축을 돌리기	하체 강화	체중 증가
핀치에 강하게	멘탈	분위기에 휩쓸리지 않기	멘탈	8구단 드래프트 1순위	스피드 160km/h	몸통 강화	스피드 160km/h	어깨 주변 강화
마음의 파도를 안 만들기	승리에 대한 집념	동료를 배려하는 마음	인간성	운	변화구	가동역	라이너 캐치볼	피칭 늘리기
감성	사랑받는 사람	계획성	인사하기	쓰레기 줍기	부실 청소	카운트볼 늘리기	포크볼 완성	좌타자 결정구
배려	인간성	감사	물건을 소중히 쓰자	운	심판을 대하는 태도	늦게 낙차 있는 커브	변화구	좌타자 결정구
예의	신뢰받는 사람	지속력	긍정적 사고	응원받는 사람	책 읽기	직구와 같은 폼으로 던지기	스트라이크 볼을 던질 때 제구	거리를 상상하기

쇼헤이는 만다라트 기법을 통해 자신의 목표를 설정하고 달성해 왔는데, 중앙에 '메이저리그 진출'이라는 목표를 설정하고, 이를 이루기 위한 여덟 가지 전략을 세웠습니다. 예를 들어 '체력 훈련,

기술 향상, 정신력 강화' 등을 설정하고, 각 전략을 다시 세부적으로 나누어 구체적인 실행 계획을 세웠습니다. 이를 통해 그는 목표를 명확히 하고, 체계적인 훈련 계획을 세워 성공적인 메이저리그 진출을 이룰 수 있었습니다.

오타니 쇼헤이 선수처럼 9×9 만다라트 기법으로 인생 목표와 계획표를 설계하면 더할 나위 없이 좋겠지만, 저는 직접 해보니 인생 목표는 적었어도 이를 이루기 위한 여덟 가지 중장기 전략을 채울 수가 없었습니다. 고민을 하면 할수록 억지로 칸을 채우기 위한 숙제를 하는 듯한 스트레스를 받아서 다른 방식으로 풀어내기로 했는데, 그것이 바로 '미니 만다라트'입니다.

인생 목표, 세상에 전하고 싶은 메시지 절약·저축, 자기계발, N잡, 투자로 경제적 자유를 이룬다!			
전략	근검절약	자기경영 자기계발	경제적 자립 파이프라인 구축
액션 플랜 1	자산 파악	독서	투자, 노후 준비
액션 플랜 2	가계부 쓰기	경제 공부	해외구매대행
액션 플랜 3	부자 마인드 갖추기	시간 관리	블로그, 전자책

상단에는 인생 목표를 기재하고 지금 내가 해야 하는 또는 하고자 하는 중장기 전략 세 가지를 도출했습니다. 그리고 각각의 전략을 이루기 위해 필요한 액션 플랜 세 가지를 적었습니다.

이렇게 하니 인생 목표를 위해 해야 할 명확하고 구체적인 것들이 나왔고, 우선 이것들부터 하나씩 해나가기 시작했습니다. 마치 도장 깨기를 하듯이 말입니다.

여러분도 너무 어렵게 생각하지 마시고 인생 목표를 적은 후, 이를 이루기 위한 전략 세 가지만 우선 도출해 보세요. 그다음 이를 이루기 위한 액션 플랜을 짜고 실제로 해보길 바랍니다. 세 가지를 이루어 갈 때쯤이면 다음 단계가 보일 겁니다.

06

브랜딩 확장으로
지속적인 성장을 이루어라

이번에는 브랜딩을 확장하며 지속적인 성장을 이루어가는 방법에 관해 이야기하고자 합니다. 미니 만다라트를 활용하여 인생 목표를 적고, 우선 세 가지 전략과 액션 플랜을 도출한 후 실행해야 한다고 말씀드렸습니다.

저는 액션 플랜을 모두 실행하여 세 가지 전략에 성과가 나면서 다음 단계를 계획했습니다. 기존에는 인생 목표를 이루기 위한 전략이 세 개만 있었는데, 이제 제가 해야 할 더 많은 전략을 세울 수 있었습니다.

오른쪽 페이지의 표는 제가 2022년 4월 처음으로 오프라인 강의를 마치고 온 후 5월에 작성한 것입니다. 이때부터 N잡러가 되겠다는 결심을 하고 '강의'를 하나의 파이프라인으로 고려하게 됩니다. 기존의 보라색 내용도 약간의 수정을 했고, 초록색 부분을 추가했는데요. 자녀에게 많은 자산을 물려주지는 못해도, 제대로 된 경제 공부를 통해 스스로 경제적 자립을 할 수 있는 길을 만들어 주고 싶었습니다. 나아가 저도 인생 2막을 위해 다양한 준비를 해야겠다는 마음으로 이 두 가지 전략을 세우고 액션 플랜을 실천했습니다.

절약·저축, 자기계발, N잡, 투자로 경제적 자유를 이룬다!					
전략	근검절약	자기경영 자기계발	경제적 자립 파이프라인 구축	자녀 경제교육	인생 2막 (은퇴, 퇴직)
액션 플랜 1	자산 파악	독서	경제 공부	부모 경제 교육	경제적 준비
액션 플랜 2	가계부 쓰기	학습	투자	자녀 금융 교육	여가, 사회 활동
액션 플랜 3	부자 마인드 갖추기	시간 관리	N잡 (해외구매대행, SNS, 전자책, 종이책, 강의)	자녀 주식 계좌	건강 관리

또한 자녀 경제 교육을 위해 도서관에서 다양한 책을 빌려 참고했습니다. 그중에서『레몬으로 돈 버는 법』과『세 개의 잔』이 가장 인상 깊었고, 교육에도 많은 도움이 되었습니다.

『레몬으로 돈 버는 법』은 레몬으로 레모네이드를 만들어 파는 짤막한 시장 놀이 이야기와 익살스러운 그림을 통해 어렵고 딱딱하게 생각할 수 있는 원료, 가격, 경쟁, 투자, 임금, 실업 등의 기본적인 경제 용어의 개념들을 쉽고 재미있게 술술 풀어낸 경제 그림 동화입니다. 아이가 자연스럽게 경제의 개념을 이해할 수 있도록 매일 밤 잠자기 전에 이 책을 읽어 주었어요. 100번도 훨씬 더 읽은 것 같습니다.

다음으로 『세 개의 잔』은 한 가족의 이야기를 담고 있는데요. 주인공은 8세 생일날, 부모님께 선물 상자를 받게 되는데 그 안에는 세 개의 잔이 들어 있었습니다. 그리고 그 안에는 또 하나의 선물인 용돈이 들어 있는 봉투도 받았습니다. 이야기는 아버지가 아이에게 용돈을 주고, 그 용돈을 3개의 잔에 나누어 넣어 주는 것부터 시작합니다. 첫 번째 잔은 쓰기 위한 것, 두 번째 잔은 저축하기 위한 것, 세 번째 잔은 기부하기 위한 것이에요.

아이는 매주 정해진 금액의 용돈을 받고, 그것을 3개의 잔에 나누어 넣어 둡니다. 이를 통해 아이들은 용돈을 쓸 때 어떻게 소비, 저축, 기부를 하는 것이 좋은지에 대해 배우게 됩니다.

또한 저축을 통해 목표를 이루는 과정에서 발생하는 어려움을 극복하며, 자신들의 목표를 이루어 가는 모습도 담고 있습니다. 이를 통해 자녀들은 목표를 이루기 위해 노력하는 것의 중요성을 배우게 됩니다.

　마지막으로 기부를 통해 다른 사람들에게 도움을 주는 것의 소중함을 깨달으며 자녀들은 다른 사람들을 생각하며 나눔의 마음을 갖추고, 사회적 책임감을 가진 시민으로 자라게 됩니다.

　저는 당시 3학년인 아이에게 4,000원을 매주 용돈으로 주고 있었는데요. 이 책을 읽은 후에 세 개의 잔을 만들어 모으기에 1,000원, 쓰기에 2,000원, 나누기에 1,000원씩 직접 넣도록 했습니다. 3개월이 지나자 아이도 용돈을 받으면 자연스럽게 세 개의 잔에 나누어 담는 것이 습관이 되었습니다.

절약·저축, 자기계발, N잡, 투자로 경제적 자유를 이룬다!								
전략	근검절약	자기경영 자기계발	경제적 자립 파이프라인 구축	자녀 경제 교육	인생 2막 (은퇴, 퇴직)	책 출간	인공지능 수익화	SNS 퍼스널 브랜딩
액션 플랜 1	자산 파악	독서	경제 공부	부모 경제 교육	경제적 준비	전자책	AI 강의 (공공기관, 온라인)	블로그
액션 플랜 2	가계부 쓰기	학습	투자	자녀 금융 교육	여가, 사회 활동	동화책	AI 굿즈, 디자인	인스타
액션 플랜 3	부자 마인드 갖추기	시간 관리	N잡 (해외구 매대행, SNS, 전 자책, 종이 책, 강의)	자녀 주식 계좌	건강 관리	종이책 (자가 출판, 기획 출판)	AI 광고 (인플루언 서)	유튜브

2023년 5월에 저는 5개의 전략을 아래와 같이 8개로 확장했습니다. 2022년 초에는 만다라트의 칸을 다 채울 수 없어 전략 3개만 도출하고 실행했는데 약 1년 지나 모두 채울 수 있었습니다.

이번에는 책, 인공지능, 퍼스널 브랜딩을 추가하여 구체적인 액션 플랜을 만들었습니다. 물론 이 중에는 이미 완료한 것도 있고, 현재 진행 중인 것도 있으며, 아직 시작하지 못한 것도 있습니다.

지금 쓰고 있는 이 책이 출간되면 책 출간에 해당하는 전자책, 동화책, 자가 출판, 마지막으로 기획 출판까지 모두 완료하게 됩니다. 인공지능 수익화는 앞으로도 계속 발전시켜 가야 할 콘텐츠입니다. 그리고 위의 전략을 모두 이룬다면 서서히 퍼스널 브랜딩도 이룰 수 있지 않을까 하고 생각했습니다. 이때 처음으로 퍼스널 브랜딩까지 고려한 액션 플랜을 계획할 수 있었습니다.

현재 저는 8개의 전략을 더 발전시켜 10개로 확장했습니다. 추가된 2개는 N잡의 한 갈래였던 강의(컨설팅 포함)와 자본 소득 창출에 대한 것입니다.

여러분도 제가 하고 있는 방법을 참고하여 인생 목표와 퍼스널 브랜딩을 일치시켜 실행해 보세요. 인생 목표에 다가갈수록 자연스럽게 퍼스널 브랜딩도 구축될 겁니다.

이왕이면 퍼스널 브랜딩을 통해 더 많은 수익을 올릴 수 있는 게 좋습니다. 그렇게만 된다면 금상첨화겠죠?

07

지식 블록화로
브랜드 경쟁력을 높여라

퍼스널 브랜딩의 마지막 챕터에서는 자신의 지식을 블록화하여 다양한 콘텐츠의 조합으로 경쟁력을 높이는 법을 다루겠습니다.

저는 경제적 자유를 이루기 위해 여덟 가지 전략과 24개의 액션 플랜을 도출하여 실행하고 있다고 했는데, 각각의 액션 플랜은 모두 개별 콘텐츠로 볼 수 있습니다. 그리고 이것을 '레고 블록'이라고 가정해 보겠습니다. 우리는 네모난 레고 블록을 결합하여 비행기, 집, 자동차 등 여러 가지 모양을 만들 수 있는데요. 지식도 이와 같이 블록화하여 다른 콘텐츠와 결합하면 제2, 제3의 새로운 지식 콘텐츠를 만들 수 있고, 이를 통해 경쟁력 있는 다양한 지식 창업이 가능합니다. 각 지식 블록은 단독으로도 가치가 있지만, 이를 전략적으로 결합하면 더 큰 시너지 효과를 얻을 수 있는 것이죠. 그럼 어떻게 조합할 수 있는지 제 미니 만다라트를 통해 알아보겠습니다.

근검절약 + 자녀 경제 교육
= 생활 속 경제 교육으로 우리 아이 부자 습관 만들기

이 주제는 근검절약과 자녀 경제 교육을 결합했습니다. 자녀에게 경제 교육을 하려면 우선 부모가 바로 서야 합니다. 부모는 주말에 몇만 원의 브런치를 먹고 할부로 해외여행을 다니며 그 결과 카드값이 모자라 한숨을 쉬면서, 자녀에게 절약하라고 하는 것은 논리적으로 맞지 않겠지요? 자녀 경제 교육보다 부모 자신의 경제 교육이 훨씬 더 중요합니다. 그 점에 착안하여 위 두 가지 전략의 액션 플랜을 연결하여 교안을 만들고 강의를 진행했습니다.

여기에 『세 개의 잔』, 『레몬으로 돈 버는 법』 책 소개와 생활 속에서 쉽게 자녀에게 경제관념을 알려주는 내용을 추가했습니다.

우리 아파트 단지 근처에는 편의점과 작은 마트가 있는데요. 편의점은 약 30m, 마트는 약 50m 거리입니다. 무더운 여름날 아이스크림이 먹고 싶다는 딸아이(당시 8세)에게 2,000원을 주면서 어디서 살 거냐고 물어봤더니, 가까운 편의점이라고 대답하더군요. 그래서 이렇게 이야기해 주었습니다.

"편의점은 가깝지만 아이스크림이 2,000원이야. 근데 조금만 더 가면 있는 마트에서는 1,000원에 팔아. 그럼 다음에 1개를 더 사먹을 수 있어. 아빠는 조금만 더 걸어가서 마트에서 사고 다음에 아이스크림 1개를 또 먹는 게 더 좋을 것 같은데 어떻게 생각해?"

처음에는 더워서 그냥 가까운 편의점에서 사겠다던 아이도 마트에서 1개를 사고, 나중에 또 1개를 사겠다고 했습니다. 어느덧 딸아이는 초등학교 고학년이 되었고 그사이 무인 아이스크림점이 생기면서, 이제는 자연스럽게 가격을 비교하며 소비하고 있습니다.

강의가 끝나자 학부모님들은 바로 활용해 보겠다며 제가 소개한 책을 주문하기도 하고, 자녀에게 경제관념을 알려주기 위한 쉬운 방법에 대해 문의하기도 했습니다.

전자책 + 퍼스널 브랜딩
= 나의 스토리를 전자책으로, 퍼스널 브랜딩과 수익화의 초석

두 번째는 전자책과 퍼스널 브랜딩을 연결한 주제입니다. 앞에서도 언급했지만 전자책 출간은 지식 창업의 기본이 되므로 지식 창업을 준비하는 분께 필수라 할 수 있습니다. 하지만 전자책을 출간하기만 한다고 퍼스널 브랜딩이 자동으로 되는 것은 아닙니다. 전자책을 활용하여 지속적인 콘텐츠를 만들면 퍼스널 브랜딩을 구축해 나가는 데 도움이 됩니다. 전자책의 목차를 잘 정리하면 훌륭한 강의 교안이 됩니다. 나아가 전자책의 내용을 길게 풀어 쓰면 블로그 포스팅이 되고, 핵심만 요약하면 인스타 릴스나 유튜브 쇼츠로 만들어 SNS에 활용할 수 있습니다.

퍼스널 브랜딩을 위해 시작한 인스타그램

저도 시작한 지 얼마 되지 않았지만, 미니 만다라트의 전략과 각각의 액션 플랜을 활용하여 SNS 콘텐츠를 만들어 게시하고 있으며 제가 경제적 자립을 향해 나아가는 모습을 담고 있습니다. 미니 만다라트를 작성하지 않았을 때는 SNS에 어떤 콘텐츠를 올려야 할지 몰랐는데, 이제는 자신의 브랜드 철학과 콘셉트, 브랜드 스토리와 결합하여 일관성 있는 콘텐츠를 생산할 수 있게 되었습니다.

AI + 동화책 + 퍼스널 브랜딩
= 똥손도 AI 동화책 작가 되고 네이버 인물정보 등록하기

세 번째는 인공지능 수익화와 퍼스널 브랜딩을 연결한 주제입니다. AI는 현시대의 거대한 트렌드이기에 활용할 수 있는 분야가 많습니다. 특히 AI 동화책은 글 기반과 그림 기반의 AI를 모두 다룰 줄 알아야 하며, 교육적인 콘텐츠라는 장점이 있습니다.

저는 처음에 AI 동화책 만들기를 주제로 강의를 시작했는데요. 시장에는 저 말고도 AI 동화책 강사가 많습니다. 그래서 차별화를 위해 무엇을 할 수 있을까 고민하다가, 기존 AI 동화책 강의 외 음악 수익화, 굿즈 수익화 등을 넣었습니다. 비슷한 가격의 비슷한 콘텐츠가 있을 때 추가 요소가 있다면 경쟁력을 확보할 수 있습니다.

지금까지 지식 블록화를 통해 브랜드 경쟁력을 높이며 다양한 지식 창업 기회를 만드는 방법을 살펴보았습니다. 이처럼 각각의 지식 블록을 체계적으로 결합하여 새로운 콘텐츠를 창출함으로써, 카피캣을 방지하고 지속 가능하며 대체 불가능한 나만의 브랜드를 구축할 수 있습니다.

퍼스널 브랜딩에서 중요한 것은 단순히 하나의 콘텐츠를 만드는 것이 아니라, 지속적이고 일관된 메시지와 이미지를 통해 차별화를 이루는 것입니다. 인생 목표와 퍼스널 브랜딩을 조화시키고 미니 만다라트 기법을 활용해 작은 실천을 하나씩 완성해 보세요.

여러분 자신이 곧 브랜드로 자리 잡는 과정을 통해 스스로 성장하고, 독창적인 브랜드를 만들어 가는 여정을 응원합니다. 나아가 여러분의 브랜드가 세상에 빛나는 등대가 되기를 바랍니다.

두려움을 떨쳐내고
운명의 바람을 기회로 만드세요

2022년 4월 25일(월) 오전 9:54

샘, 멀리까지 오셔서 수고 많으셨어요. *^^*

샘께서도 살아오시면서 많이 느끼셨겠지만, 운명의 바람은 어떻게 불지 모르겠더라고요.

제가 봤을 때 샘은 강사로서 타고난 재주꾼이었습니다.

이제 강의 경력만 쌓으시면 되세요.
종이책도 꼭 꼭 꼭 도전하세요!!
수십억 자산가보다 훨씬 임팩트 있을 거라 생각합니다.

　

경상북도에서 첫 오프라인 강의를 한 후 교육 담당자님께 받은 이메일입니다. 당시 저는 기획 출판을 하는 것이 꿈이었습니다. 하지만 '나는 아직 경제적으로 성공한 것도 아니고 심지어 매월 대출을 갚으며 살아가는 특별한 것 없는 사람인데, 누가 나의 돈 공부 이야기에 귀를 기울여 들어주거나 할까?'라며 스스로를 가두어 버렸습니다.

그때 저에게 희망을 준 것이 바로 이 이메일입니다. 강의를 마치고 기차역까지 동행하면서 나누었던 얘기가 지금도 귓가에 생생합니다.

"예전의 선생님처럼 지금 경제적으로 어려움을 겪고 있는 분들께는 이미 경제적으로 성공한 분들보다는 자신과 같은 어려운 처지에서, 심지어 죽음의 문턱까지 갔다가 어렵게 이겨내고 다양한 현금 흐름을 만들어 가는 선생님의 이야기가 더 쉽게 다가갈 수 있을 거예요!"

그 말씀에 용기를 얻어 포기하지 않았고, 2년이 지난 현재 저는 기획 출판의 꿈을 이루고 이제는 다음 책을 계획하고 있습니다. 또한 '직장인'이라는 단 하나의 직업(業)이 아닌 공공기관·평생교육원 특강 강사, 동화책 작가, 스마트스토어 운영자, 명함·로고 디자이너, 재테크 카페 칼럼니스트, AI 아티스트, 독서모임 운영지도사 등 무려 10개가 넘는 업(業)을 갖게 되었습니다.

운명의 바람은 어떻게 불어올지 모릅니다. 하지만 그 바람을 기회로 삼으려면 실행에 대한 두려움을 과감히 떨쳐 버려야 합니다. 설사 그 도전이 실패로 끝나더라도 말입니다.

비록 실패하더라도 우리는 무자본 창업을 기반으로 하고 있으므로 투자비로 인한 부담은 없습니다. 그러니 실패를 두려워하지 말고 우선 실행 후 보완하며 또 다른 도전을 계속 이어 가면 됩니다.

무엇인가 새로운 것에 도전할 때 저는 처음 부업으로 시작했던 해외구매대행 첫 주문의 일화를 떠올리며 마음을 단단히 부여잡습니다. 하지만 그렇다 하더라도 실패하는 것들이 훨씬 더 많습니다. 이렇듯 저 역시 수많은 실패를 겪었고 지금도 그것을 반복하고 있지만, 그 과정에서 '나에게 맞는 방법은 무엇일까.'를 고민하고 연구하며 하나씩 실행해 나가고 있습니다.

저는 이제야 경제적 자립에 조금 다가선 정도에 불과하지만, 다양한 업(業)을 만들어 자본 소득을 늘리고 시간을 마음껏 쓸 수 있는 사람이 되고자 합니다. 하고 싶은 일을 하며 사랑하는 가족과 행복하게 사는 삶을 위해 포기하지 않고 꾸준히 정진할 것입니다.

제 비전이 혼자만의 것이 아닌 이 책을 읽는 모든 분과 함께 이루어지기를 진심으로 바랍니다. 또한 이러한 제 마음이 전해져 많은 분께 심금을 울리는 계기가 되어 절약과 저축을 생활화하기를 기대합니다. 더 나아가 부수입을 창출하여 자본 소득까지 이룰 수 있다면 저의 소임은 다했다고 여깁니다.

제 이야기가 완벽하지는 않지만, 평범한 40대 직장인이 어떻게 어려움을 극복하고 작은 성공을 이루어 나가는지를 솔직하게 담고자 했습니다. 제가 교육 담당자님의 이메일에서 용기를 얻었듯, 시행착오와 작은 성취들을 담은 이 책이 여러분께도 희망의 불씨가 되어 새로운 도전을 시작하시는 데 도움이 되길 간절히 바랍니다.

끝으로 감사의 마음을 전하며 마무리하려 합니다. 저의 성장을 위해 이끌어 주시고 이 책이 나오기까지 응원해 주신 사랑하는 가족, 김동석 작가님, 아나브 대표님, 틈영지 업글샘 대표님, 진순희 문학박사님, 방송인 겸 유튜브 크리에이터 어비(송태민) 대표님, 빛난다 마케팅 방문영 대표님, 시크릿 인스타그램 조은 작가님, 짠부 카페 성형찬 대표님, 김일영 사서님께 깊은 감사의 인사를 올립니다.

Foreign Copyright:
Joonwon Lee   Mobile: 82-10-4624-6629

Address: 3F, 127, Yanghwa-ro, Mapo-gu, Seoul, Republic of Korea
          3rd Floor
Telephone: 82-2-3142-4151
E-mail: jwlee@cyber.co.kr

짠테크, 부업, 자본소득으로 벗어난
경제 지옥 탈출기

돈공부의힘

2025.   2.   5. 초 판 1쇄 인쇄
2025. 2. 12. 초 판 1쇄 발행

지은이 | 인생업(임승현)
펴낸이 | 이종춘
펴낸곳 | [BM] ㈜도서출판 **성안당**

주소 | 04032 서울시 마포구 양화로 127 첨단빌딩 3층(출판기획 R&D 센터)
     | 10881 경기도 파주시 문발로 112 파주 출판 문화도시(제작 및 물류)
전화 | 02) 3142-0036
     | 031) 950-6300
팩스 | 031) 955-0510
등록 | 1973. 2. 1. 제406-2005-000046호
출판사 홈페이지 | www.cyber.co.kr
ISBN | 978-89-315-8347-2 (03320)
정가 | 19,000원

이 책을 만든 사람들
책임 | 최옥현
진행 | 정지현
교정·교열 | 신현정
본문·표지 디자인 | 강희연
홍보 | 김계향, 임진성, 김주승, 최정민
국제부 | 이선민, 조혜란
마케팅 | 구본철, 차정욱, 오영일, 나진호, 강호묵
마케팅 지원 | 장상범
제작 | 김유석

■ 도서 A/S 안내

성안당에서 발행하는 모든 도서는 저자와 출판사, 그리고 독자가 함께 만들어 나갑니다.
좋은 책을 펴내기 위해 많은 노력을 기울이고 있습니다. 혹시라도 내용상의 오류나 오탈자 등이
발견되면 **"좋은 책은 나라의 보배"**로서 우리 모두가 함께 만들어 간다는 마음으로 연락주시기
바랍니다. 수정 보완하여 더 나은 책이 되도록 최선을 다하겠습니다.
성안당은 늘 독자 여러분들의 소중한 의견을 기다리고 있습니다. 좋은 의견을 보내주시는 분께는
성안당 쇼핑몰의 포인트(3,000포인트)를 적립해 드립니다.
잘못 만들어진 책이나 부록 등이 파손된 경우에는 교환해 드립니다.